읽기로 시작해 쓰기로 완성하는

초등 첫 문해력 신문

이다희 글 | 서희진 그림

부모님들께

꼬마 독자들이
책을 읽는 기쁨을 누리기를 응원하며

"이렇게 좋은 순간에 책이 빠지면 안 되지!"

올여름 첫 복숭아를 한 입 베어 물고 다디단 맛에 감탄하던 아이는 방으로 쪼르르 달려가 책을 가져옵니다.

초등학교 2학년인 저희 아이가 매일 누리는 기쁨은 맛있는 간식을 먹으며 책을 읽는 것입니다. 푹신한 소파에서 이리 뒹굴, 저리 뒹굴 하며 책을 읽다가 키득거리는 아이의 모습을 바라보고 있으면 '신선놀음이 따로 없네.'라는 생각에 미소가 절로 지어집니다.

책을 읽는 기쁨.

아이들이 꼭 누리기를 바라는 기쁨입니다.

어떻게 하면 아이들이 이 기쁨에 한 발자국 더 가까이 다가갈 수 있을까요?

답은 명쾌합니다.

아이들이 재미있어 하는 읽기 자료를 매일 적은 양이라도 꾸준히 읽게 해 주는 것이지요.

'읽는다는 건 재미있는 거야.'라는 사실을 알게 된 아이, 매일 읽어서 읽기 근육이 생긴 아이는 시간이 날 때면 스스로 책을 읽기 시작합니다.

책이 주는 풍요로움을 누리는 '꼬마 독자'가 탄생하는 순간이지요.

『초등 첫 문해력 신문』은 바로 꼬마 독자의 탄생을 위해 만들어진 책입니다.

아이들은 세상 돌아가는 이야기에 귀를 쫑긋 세우고 관심을 두곤 합니다. 엄마, 아빠가 나누는 이야기가 대체 무슨 말인지, 선생님께서 수업 시간에 말씀해 주셨던 그 사건은 대체 어떤 일인지 자세히 알고 싶어 하지요.

그래서 세상 돌아가는 이야기를 가득 담은 신문은 아이들을 읽기의 세계로 초대하는 최적의 자료입니다. 아이들의 부푼 호기심이 꺾이지 않도록 재미있는 주제와 수준에 맞는 어휘를 선택하는 것에 오랜 시간을 들였습니다. 펼치는 순간 '궁금해!'라는 마음이 들 수 있도록, 다 읽고 난 후에는 '나 똑똑해진 것 같아.'라는 생각이 들 수 있도록 말이지요.

총 42개의 흥미로운 기사를 매일 꾸준히 읽으며, 세상을 이해하는 배경지식을 차곡차곡 쌓아 올리고 읽는 습관을 만든 아이는, 책의 마지막 장을 덮을 즈음 자신감 넘치는 꼬마 독자가 되어 있을 거예요.

『초등 첫 문해력 신문』으로 읽기 근육을
튼튼히 키운 꼬마 독자들이 더 넓고 깊은 책들에
성큼성큼 다가가 매일 책 읽는 기쁨을
누릴 수 있기를 바랍니다.

2024년 7월
리딩타임즈 대표 이다희

아이들에게 보내는 편지

안녕?

나는 세상의 신기하고 재미있는 뉴스거리를 모아서

어린이들에게 전해 주는 걸 좋아하는 이다희 선생님이라고 해.

우리는 오늘부터 하루에 한 편씩 신문 기사를 읽어 볼 거야.

'신문'이라는 말을 들었을 때 어떤 기분이 들었어?

너무 어려울 것 같기도 하고, 지루할 것 같기도 하다고?

그런 걱정이 들었다면 절대 그럴 필요 없어.

우리가 지금부터 읽을 신문은 말이지,

눈이 휘둥그레질 정도로 신기한 이야기도 있고,

몰랐던 것을 알게 되어서 "아하!" 소리가 나오게 되는 기사도 있을 거야.

읽다가 눈물이 핑 도는 이야기를 만나게 될 수도 있고,

까르르 웃음이 터지는 기사를 읽게 될 수도 있지.

어때? 기대되지 않아?

우리는 6주 동안 재미있는 신문 기사를 읽으며

세상 이야기에 귀를 쫑긋 세울 거야.

6주 동안 매일 빠지지 않고 신문을 읽는다면,

뇌 안에 숨어 있던 '읽기 세포'들이 촘촘히 손을 잡고

너를 더 똑똑하게 만들어 줄 거야.

이 책에는 신문 기사를 읽는 부분도 있고,

기사를 읽은 후 너의 생각을 써 보거나 퀴즈를 푸는 부분도 있어.

신문 일기를 쓰는 공간도 있지.

==이 중에 우리가 절대 빠트리지 않고 매일매일 해야 할 일은 바로 신문 기사 읽기!==

소리 내서 읽어도 좋고, 눈으로 읽어도 좋아.

부모님께서 읽어 주시는 기사를 듣는 것도 도움이 되지.

똑똑한 아이가 되는 아주 쉬운 방법이니 잘 따라 할 수 있겠지?

자, 그럼 지금부터 시작해 볼까?

똑똑! 초등 첫 문해력 신문!

2024년 7월, 이다희 선생님이

신문을 읽고 깊이 이해하는 활동부터

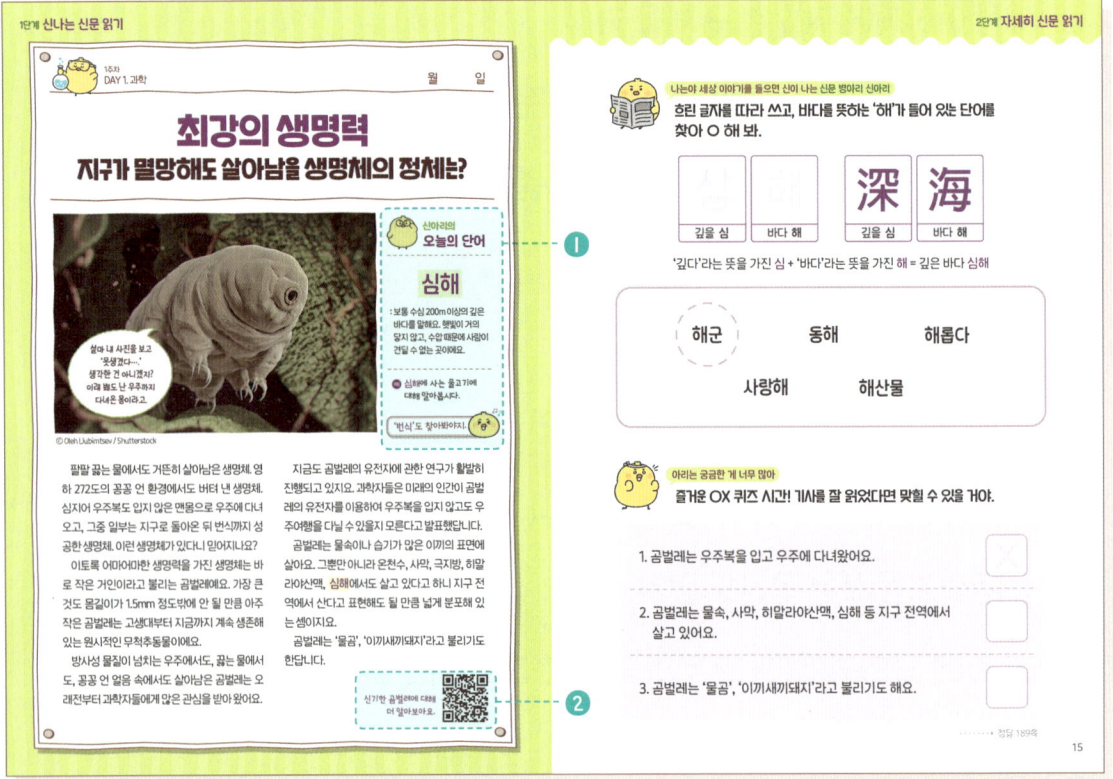

1단계. 신나는 신문 읽기

- 아이들이 관심을 가질 만한 주제를 쏙쏙 골라 아이들 수준에 딱 맞는 기사로 읽어요.
  ▶ 소리 내서 기사를 읽어 보아요.

❶ 기사에 나온 단어의 뜻과 예문을 살펴보며 어휘력을 키워요.
  ▶ 단어를 넣어 새로운 문장을 만들어 보아요.
  ▶ 기사에서 모르는 단어를 더 찾아보아요.

❷ QR 코드를 통해 기사의 내용과 관련된 흥미로운 영상을 살펴보아요.

2단계. 자세히 신문 읽기

- 단어 공부, OX 퀴즈 등 내용 확인 활동, 수수께끼나 그림 그리기 등 창의 활동까지 다양한 활동을 통해 신문의 내용을 깊이 이해해요.

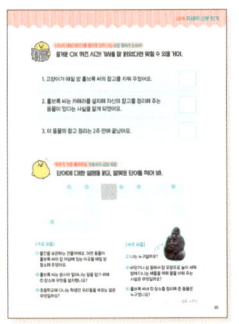

사고력과 상상력을 키워 주는 생각 쓰기 활동까지!

3단계. 놀면서 생각 쓰기

- 보태보태 놀이, 칭찬 소나기, 키득키득 상상 공장 등 사고력과 상상력을 키워 주는 다채로운 활동으로 놀듯이 내 생각을 표현해 보고, 쓰기 실력도 쑥쑥 키워요.

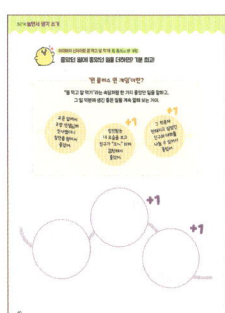
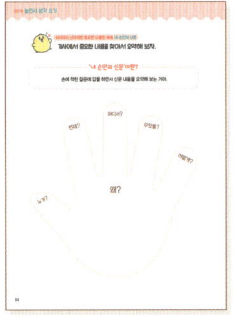

4단계. 나도 신문 기자

- 앞에서 활동한 내용들을 바탕으로 후루룩 신문 일기를 써요. 기사를 정리해 보거나, 나의 상황에 대입해 보는 등 매일 3~5줄로 짧은 신문 일기를 쓰다 보면 쓰는 습관을 만들 수 있어요!

▶ 일기 쓰기를 도와주는 아리의 질문에 대한 답을 써 보면, 후루룩 신문 일기 완성!

캐릭터 소개

신문 병아리 **신아리**

나는야, **아리아리** 신아리!
세상 이야기를 들으면 신이 나는
신문 병아리야!
우리 친구들이 재미있게 학습하도록 돕는
친구이자, 든든한 학습 도우미지!
나만 믿고 따라오라고~!

단어 공부할 때는
단어 대장 신아리

기사 읽을 때는
신문 병아리 신아리

신문을 읽고 나면
호기심 천국 신아리

수수께끼, 퀴즈 풀 때는
신이 나는 신아리

생각 쓰기는 너무 즐거워
쓰기 요정 신아리

신문 일기를 도와주는
질문 왕 신아리

과학을 공부할 때는
똑똑 실험 아리

역사를 공부할 때는
에헴! 역사 아리

 더 많은 아리를 만나고 싶다면? **신문 읽으러 GO, GO!**

학부모 가이드

『초등 첫 문해력 신문』 활용 시 기억해 주세요

하루 딱 4쪽,
기사를 소리 내어 읽으며, 문해력의 기본기를 다집니다.

개인별 활용 가이드 아래 가이드를 참고하여
아이의 나이 및 문해 능력에 따라 활용해 주세요.

나이 및 문해 능력	활용 방법

7세~초등 2학년	① 어른이 소리 내어 읽어 주는 것 듣기
	   + 스스로 소리 내어 기사 읽어 보기
	② 제시된 질문에 대한 생각을 소리 내어 말하고
	   간단히 글로 표현하기

읽기 유창성이 부족한 초등 3~6학년	
초등 3~6학년	① 기사를 눈으로 읽으며 중요한 문장에 밑줄 긋기 ② 제시된 질문에 대한 생각을 말해 보고, 글로 표현하기 ③ 새롭게 알게 된 내용, 더 알아보고 싶은 내용 정리하기

아이와의 대화를 위한 추천 기사 각 가정의 상황에 맞는 기사를 추천합니다.
추천 기사를 읽고,
아이와 나누는 대화의 수준을 한 단계 발전시켜 보세요.

이렇게 하고 싶어요	추천 기사
시사적인 배경지식을 쌓아서 대화 수준을 높이고 싶어요.	1주 DAY 3, 2주 DAY 4, 3주 DAY 4, 6주 DAY 2
불안감이 높은 아이의 섬세한 감정에 대해 이야기 나누고 싶어요.	1주 DAY 4, 5주 DAY 5
진로에 대해 이야기 나누고 동기 부여를 해 주고 싶어요.	2주 DAY 1, 4주 DAY 1
호기심 많은 아이와 다양한 영역에 대해 이야기 나누고 싶어요.	1주 DAY 1, 4주 DAY 4

차례

1주

DAY 1. 과학	최강의 생명력, 지구가 멸망해도 살아남을 생명체의 정체는?	14
DAY 2. 사회	슬릭백, 공중 부양 하는 춤이 있다고?	18
DAY 3. 사회	개고기 금지, 개고기 이제 불법입니다!	22
DAY 4. 마음 돌봄	정말 잘했어! 자랑스러워! 해낼 줄 알았어!	26
DAY 5. 사회	빈대 비켜! 내 피는 절대 줄 수 없다!	30
DAY 6. 사회	플라코, 자유를 사랑한 수리부엉이	34
DAY 7. 속담	꿩 먹고 알 먹기	38

2주

DAY 1. 동기 부여	월트 디즈니의 꿈 "용기만 있다면!"	42
DAY 2. 역사	윤봉길 의사, 우리나라의 독립운동을 세계에 알리다	46
DAY 3. 가족	어버이날 맞이 부모님 속마음 인터뷰	50
DAY 4. 사회	화성에서 살 사람 모두 모여라!	54
DAY 5. 마음 돌봄	준우의 눈물 "왜 나만 많이 혼나는 거야?"	58
DAY 6. 과학	화산, 폭발하지 마!	62
DAY 7. 과학	개복치에 관한 소문, 과연 진실일까?	66

3주

DAY 1. 예술	프리다 칼로, 고통을 예술로 승화시킨 위대한 화가	70
DAY 2. 과학	수백조 마리 매미 떼 221년 만에 찾아온다	74
DAY 3. 속담	똥 누러 갈 적 마음 다르고 올 적 마음 다르다	78
DAY 4. 사회	오래된 앙숙, 이스라엘 vs 팔레스타인	82
DAY 5. 마음 돌봄	친구의 부탁, 항상 들어줘야 할까요?	86
DAY 6. 과학	쌍둥이처럼 닮은 해달과 수달	90
DAY 7. 사회	밤마다 깨끗해지는 창고! 청소 요정의 정체는?	94

일러두기

이 책의 기사는 2024년 6월을 기준으로 작성되었습니다.
이 책의 QR 코드 영상은 아이들의 이해를 돕기 위해 제공되었으나, 제공사의 정책상의 이유로 내용이 변동, 삭제, 비공개 처리될 수 있습니다.

4주

DAY 1. 동기 부여	나만의 보물 지도 떠나자, 보물섬으로!	98
DAY 2. 역사	엄마와 아들의 대결, 떡 썰기 vs 글씨 쓰기	102
DAY 3. 마음 돌봄	황금이 번쩍번쩍, 하지만…	106
DAY 4. 사회	초스피드 장난감 자동차를 타고 쌩쌩 달려라!	110
DAY 5. 사회	비결이 뭐예요? 지구에서 가장 나이 많은 할머니	114
DAY 6. 사회	길 잃은 꿀벌 "으앙! 방향을 알 수가 없어."	118
DAY 7. 과학	팔팔 끓었다가 꽁꽁 얼었다가	122

5주

DAY 1. 과학	블롭피시, 세상에서 제일 못생긴 물고기	126
DAY 2. 사회	나는 무엇을 나눌 수 있을까?	130
DAY 3. 예술	행운의 신, 누구에게 갈까?	134
DAY 4. 사회	원숭이가 점령한 도시, 태국 롭부리	138
DAY 5. 마음 돌봄	무례한 친구를 만나면 어떻게 해야 할까요?	142
DAY 6. 과학	신비로운 생명체, 산호의 위기	146
DAY 7. 예술	신사임당, 조선의 천재 화가	150

6주

DAY 1. 사회	노숙인이 풍기는 심한 냄새, 과연 범죄일까?	154
DAY 2. 과학	UFO를 본 적 있나요?	158
DAY 3. 마음 돌봄	친구를 질투하는 나, 나쁜 아이가 된 것 같아요	162
DAY 4. 사회	군대, 우리도 가나요?	166
DAY 5. 어휘	누가 시치미를 뗐는가?	170
DAY 6. 사회	꿈을 향해 뚜벅뚜벅 걸어간 제인 구달처럼	174
DAY 7. 마음 돌봄	도전? 포기? 그것이 문제로다!	178

부록

신문 일기 활동 예시	182
정답	189

초등 첫 문해력 신문 〈6주 완성 진도표〉

아리아리 신아리와 함께 주 7회, 총 6주 동안 신문을 읽어 보아요!
신문을 읽을 때마다 날짜를 쓰고, ☆표 하세요.

	DAY1	DAY2	DAY3
1주	월 일	월 일	월 일
DAY4	DAY5	DAY6	DAY7
월 일	월 일	월 일	월 일
2주	DAY1 월 일	DAY2 월 일	DAY3 월 일
DAY4 월 일	DAY5 월 일	DAY6 월 일	DAY7 월 일
3주	DAY1 월 일	DAY2 월 일	DAY3 월 일
DAY4 월 일	DAY5 월 일	DAY6 월 일	DAY7 월 일
4주	DAY1 월 일	DAY2 월 일	DAY3 월 일
DAY4 월 일	DAY5 월 일	DAY6 월 일	DAY7 월 일
5주	DAY1 월 일	DAY2 월 일	DAY3 월 일
DAY4 월 일	DAY5 월 일	DAY6 월 일	DAY7 월 일
6주	DAY1 월 일	DAY2 월 일	DAY3 월 일
DAY4 월 일	DAY5 월 일	DAY6 월 일	DAY7 월 일

신문 병아리 신아리와 약속!

하나. 6주 동안 매일 꾸준히 기사를 읽는다.

둘. 기사를 소리 내어 읽어 본다.

셋. 기사를 읽다 모르는 단어가 나오면 뜻을 찾아본다.

넷. 엉뚱한 이야기라도 좋아!
　　기사를 읽고 내 생각을 자유롭게 말해 본다.

다섯. 일주일에 한 편이나 세 편도 좋아!
　　　스스로 목표를 정하고 신문 일기를 쓴다.

약속을 지킬 친구는 _____ (이름)

1단계 신나는 신문 읽기

1주차
DAY 1. 과학

월   일

최강의 생명력
지구가 멸망해도 살아남을 생명체의 정체는?

설마 내 사진을 보고 '못생겼다….' 생각한 건 아니겠지? 이래 봬도 난 우주까지 다녀온 몸이라고.

ⓒ Oleh Liubimtsev / Shutterstock

신아리의 오늘의 단어

심해

: 보통 수심 200m 이상의 깊은 바다를 말해요. 햇빛이 거의 닿지 않고, 수압 때문에 사람이 견딜 수 없는 곳이에요.

예 심해에 사는 물고기에 대해 알아봅시다.

'번식'도 찾아봐야지.

　팔팔 끓는 물에서도 거뜬히 살아남은 생명체. 영하 272도의 꽁꽁 언 환경에서도 버텨 낸 생명체. 심지어 우주복도 입지 않은 맨몸으로 우주에 다녀오고, 그중 일부는 지구로 돌아온 뒤 번식까지 성공한 생명체. 이런 생명체가 있다니 믿어지나요?

　이토록 어마어마한 생명력을 가진 생명체는 바로 작은 거인이라고 불리는 곰벌레예요. 가장 큰 것도 몸길이가 1.5mm 정도밖에 안 될 만큼 아주 작은 곰벌레는 고생대부터 지금까지 계속 생존해 있는 원시적인 무척추동물이에요.

　방사성 물질이 넘치는 우주에서도, 끓는 물에서도, 꽁꽁 언 얼음 속에서도 살아남은 곰벌레는 오래전부터 과학자들에게 많은 관심을 받아 왔어요.

　지금도 곰벌레의 유전자에 관한 연구가 활발히 진행되고 있지요. 과학자들은 미래의 인간이 곰벌레의 유전자를 이용하여 우주복을 입지 않고도 우주여행을 다닐 수 있을지 모른다고 발표했답니다.

　곰벌레는 물속이나 습기가 많은 이끼의 표면에 살아요. 그뿐만 아니라 온천수, 사막, 극지방, 히말라야산맥, 심해에서도 살고 있다고 하니 지구 전역에서 산다고 표현해도 될 만큼 넓게 분포해 있는 셈이지요.

　곰벌레는 '물곰', '이끼새끼돼지'라고 불리기도 한답니다.

신기한 곰벌레에 대해 더 알아보아요.

2단계 **자세히 신문 읽기**

나는야 세상 이야기를 들으면 신이 나는 신문 병아리 신아리

흐린 글자를 따라 쓰고, 바다를 뜻하는 '해'가 들어 있는 단어를 찾아 ○ 해 봐.

'깊다'라는 뜻을 가진 심 + '바다'라는 뜻을 가진 해 = 깊은 바다 심해

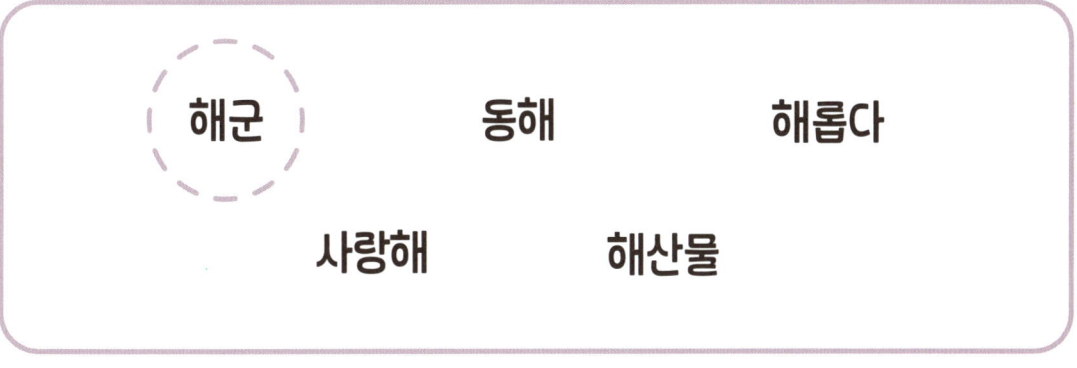

아리는 궁금한 게 너무 많아

즐거운 OX 퀴즈 시간! 기사를 잘 읽었다면 맞힐 수 있을 거야.

1. 곰벌레는 우주복을 입고 우주에 다녀왔어요. [X]

2. 곰벌레는 물속, 사막, 히말라야산맥, 심해 등 지구 전역에서 살고 있어요. [ ]

3. 곰벌레는 '물곰', '이끼새끼돼지'라고 불리기도 해요. [ ]

······· 정답 189쪽

3단계 놀면서 생각 쓰기

 아리아리 신아리랑 신나게 놀아 보자 끝없이 이어지는 보태보태 놀이
지칠 때까지 이어진다! 문장 만들기 놀이!

'보태보태 놀이'란?

① 기사를 읽고 **문장**을 하나 만들어.   곰벌레가 있다.

② 그 문장에 어울리는 말을 보태서 **새로운 문장**을 만들어.   작은 곰벌레가 있다.

③ 그 문장에 어울리는 말을 보태서 **또 새로운 문장**을 만들어.   최강의 생명력을 가진 작은 곰벌레가 있다.

첫 문장은 '곰벌레가 살아요.' 어때?

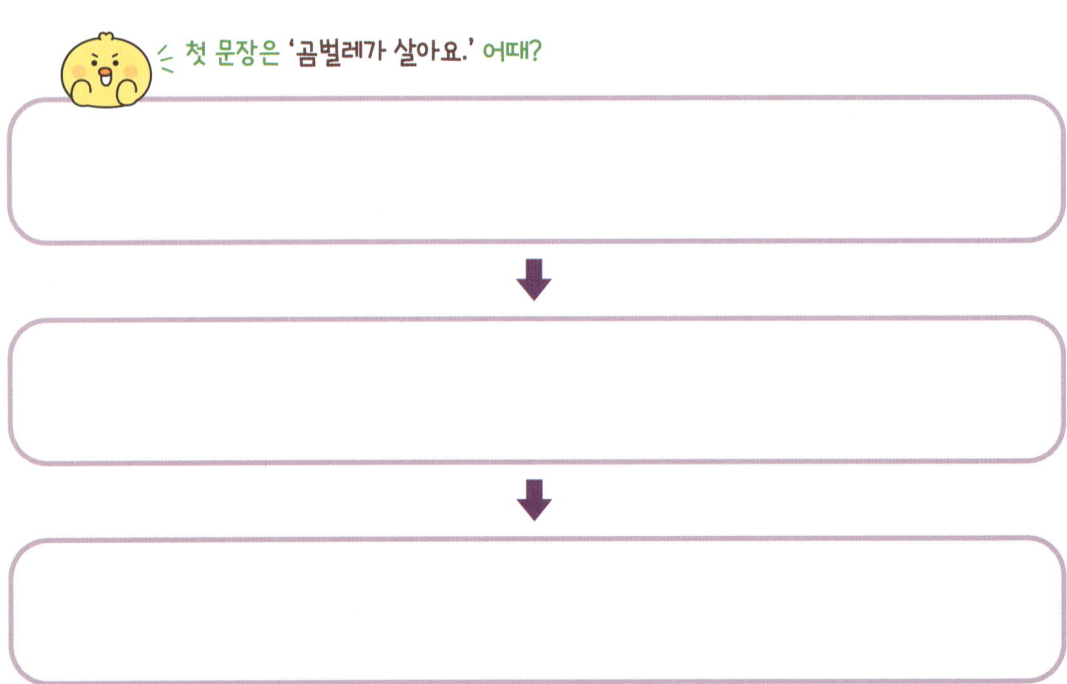

TIP! 보태보태 놀이 재미있게 하는 꿀팁! 가족 중 한 명과 대결해 봐! 과연 누가 먼저 지칠 것인가?

4단계 **나도 신문 기자**

아리와 함께 후루룩 신문 일기 쓰기

우리 이제 신문 일기를 써 볼까?
'보태보태 놀이'에 적은 내용을 활용해도 좋아.

제목:

월   일   요일

 **일기 쓰기를 도와주는 아리의 질문**   이 질문에 대한 답을 연결해서
일기로 적어 보아도 좋아.

- 기사를 읽기 전, 곰벌레의 사진만 봤을 때 어떤 느낌이 들었어?
- 곰벌레에게 질문을 단 하나만 할 수 있다면 무엇을 물어볼 거야?
- 기사를 읽은 후, 곰벌레를 떠올리면 어떤 느낌이 들어?

17

1주차
DAY 2. 사회

월   일

슬릭백
공중 부양 하는 춤이 있다고?

어때? 마치 공중에 떠 있는 것 같지?

ⓒ getty images bank

신아리의 오늘의 단어

착시

: 눈으로 본 이미지가 실제와 다르게 보이는 착각 현상을 뜻해요.

예) **착시** 때문에 이 방이 훨씬 넓어 보여.

'슬릭백'에 대해 들어 본 적 있나요?

슬릭백은 양발을 빠르게 교차하면서 미끄러지듯 추는 춤을 말해요. 마치 마법을 부려 발이 땅에 닿지 않는 것처럼 보여 '공중 부양 춤'이라고 불리기도 하지요.

슬릭백은 해외에서 먼저 시작되었어요. 하지만 우리나라의 한 중학생이 올린 슬릭백 영상이 일주일 만에 2억이 넘는 조회 수를 기록하면서 더 큰 화제가 되었답니다.

공중 부양을 하는 듯한 이 춤은 사실 **착시** 현상을 이용한 거예요. 뒷발이 땅에 붙어 있지만, 허공에서 미끄러지듯 움직이는 앞발에만 눈길이 가기 때문에 공중에 떠 있는 것처럼 보이는 것이지요.

영상 속 마법 같은 춤을 보면서 많은 어린이와 청소년들이 슬릭백 춤을 따라 추고 있어요.

하지만 쿠션이 없는 신발을 신고 슬릭백 춤을 무리하게 따라 하면, 무릎과 발목에 부상을 입을 수도 있답니다. 신기한 춤을 따라 해 보고 도전하는 것은 좋지만, 몸에 무리가 가지 않도록 조심해야 해요.

슬릭백을 보니 어떤 느낌이 드는지 말해 봐. '놀랍다', '굉장하다', '훌륭하다' 등의 단어를 활용할 수 있어.

영상을 보며 슬릭백에 대한 궁금증을 풀어 보아요.

2단계 **자세히 신문 읽기**

나는야 세상 이야기를 들으면 신이 나는 신문 병아리 신아리
그림을 자세히 살펴봐. 무엇이 보이니?

우아! 그림을 자세히 봤더니 전혀 다른 두 가지 그림이 보여.
착시 현상은 정말 신기해!

아리는 궁금한 게 너무 많아
둘 중 더 길어 보이는 선에 ○ 하고, 실제로 어떤지 자로 길이를 재 봐!

준비물: 자

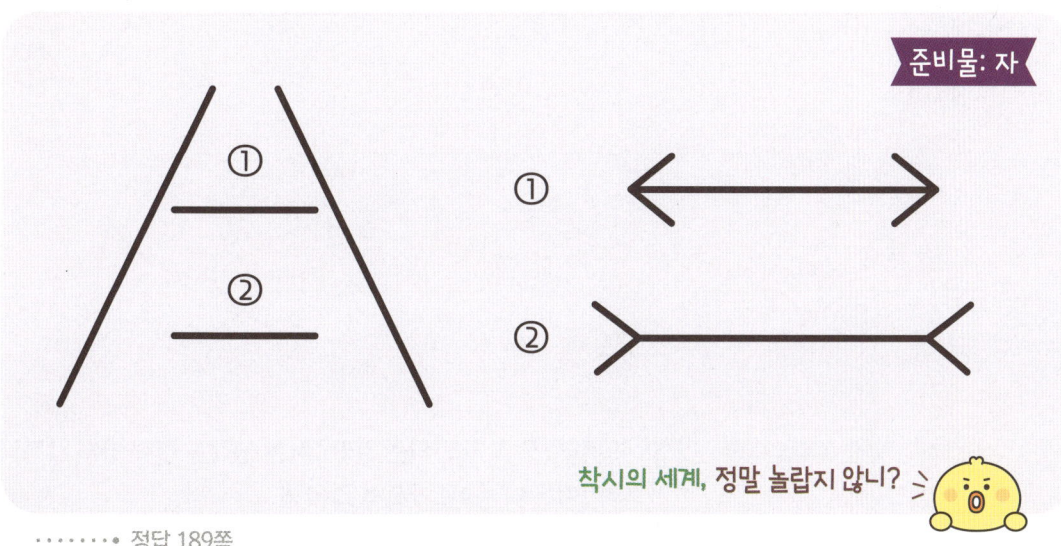

착시의 세계, 정말 놀랍지 않니?

······ 정답 189쪽

3단계 놀면서 생각 쓰기

 아리아리 신아리랑 신나게 놀아 보자 끝없이 이어지는 버블버블 생각 주머니
한계란 없어! 기사를 읽고 자유롭게 생각을 떠올려 봐.

'버블버블 생각 주머니'란?
한 가지 주제에 관해 떠오르는 생각을 모두 다 적어 보는 거야.

신아리의 버블버블 생각 주머니

- 슬릭백
- 슬릭백 영상 더 보고 싶다
- 허우적
- 조회 수 2억
- 스프링
- 점프
- 친구들
- 우리 반 김지윤
- 착시 현상
- 발 꼬여
- 슬릭백 못하는 우리 아빠
- 나도 해 볼래
- 공중 부양

............의 버블버블 생각 주머니

TIP! 버블버블 생각 주머니 적는 꿀팁! '이런 것도 적어도 되는 걸까?'라는 생각은 절대 하지 않기! 무엇이든 다 좋아! 마음껏 적어 봐.

4단계 **나도 신문 기자**

아리와 함께 후루룩 신문 일기 쓰기
우리 이제 신문 일기를 써 볼까?
'버블버블 생각 주머니'에 적은 내용을 활용해도 좋아.

제목:

월   일   요일

 **일기 쓰기를 도와주는 아리의 질문**

- 기사를 읽기 전, 기사 제목과 사진을 봤을 때 어떤 내용일 것 같았어?
- 슬릭백에 대해 한마디로 표현한다면 뭐라고 하면 좋을까?
- 기사를 읽은 후, 새롭게 알게 된 것이나 더 궁금한 점이 있니?

1단계 신나는 신문 읽기

1주차
DAY 3. 사회

월   일

개고기 금지
개고기 이제 불법입니다!

ⓒ getty images bank

신아리의
오늘의 단어

보양식

: 건강을 보충하기 위해 특별히 먹는 음식을 뜻해요.

예) 요즘 따라 너무 피곤해서 **보양식**을 챙겨 먹어야겠어요.

'종식'도 찾아봐야지.

　우리나라에는 더운 여름이면 건강을 위해 보양식을 챙겨 먹는 문화가 있어요. **보양식** 중 하나로 일부 사람들은 개고기를 먹기도 했답니다.

　우리나라의 개고기 문화는 오래전부터 논쟁거리였어요. '개고기를 먹는 것은 개인의 자유다.'라는 의견과 '개는 반려동물이므로 먹어서는 안 된다.'라는 의견이 팽팽하게 맞섰지요. 하지만 반려견을 키우는 사람들이 늘어나면서 개고기를 반대하는 목소리가 커졌고, 먹는 사람의 수도 점차 줄어들었어요.

　그리고 2024년 1월 9일, 국회에서 '개 식용 종식법'이 통과되었답니다. 앞으로는 개고기를 먹지 못하도록 법으로 정한 것이지요.

　이에 따라 새로운 고민거리도 생겼어요. 개고기와 관련된 일을 하던 사람들이 갑자기 일자리를 잃게 된 점, 식용을 위해 개 농장에서 키우던 개들을 보낼 곳을 찾지 못했다는 점이에요. 개 농장이 없어지면 그곳에 있던 많은 개가 머무를 장소가 사라지기 때문에 사람들이 걱정하고 있답니다.

　개고기에 대한 논쟁은 '개 식용 종식법'이 통과되면서 일단락되었지만, 새롭게 떠오른 문제들을 현명하게 해결할 방법을 찾는 것이 숙제로 남아 있어요.

'개 식용 종식법' 이후 해결해야 할 과제에 대해 알아보아요.

2단계 자세히 신문 읽기

나는야 세상 이야기를 들으면 신이 나는 신문 병아리 신아리

기사가 뒤죽박죽되었어! 다시 순서대로 바로잡아 줘.

① 2024년 1월 9일, 국회에서 '개 식용 종식법'이 통과되어 앞으로는 개고기를 먹지 못하게 되었다.

② 식용을 위해 개 농장에서 키우던 개들이 머무를 장소를 찾아 주어야 한다.

③ 우리나라에서는 일부 사람들이 더운 여름에 보양식으로 개고기를 먹기도 했다.

········ 정답 189쪽

아리는 궁금한 게 너무 많아

개 농장이 없어지면, 그곳에 있던 수많은 개들은 어떻게 해야 할까?

커다란 집을 만들어 다 같이 모여 살 수 있도록 돌봐 주면 좋을 것 같아!

3단계 놀면서 생각 쓰기

아리아리 신아리랑 솔직하게 이야기해 보자 **속마음 인터뷰**

개 농장에 살고 있는 개의 속마음을 상상해서 인터뷰해 보자.

'속마음 인터뷰'란?

인터뷰 대상이 되었다고 상상하고, 속마음을 솔직하게 말해 보는 거야.

안녕하세요, 멍멍 씨. 개 농장에서의 생활은 어떤가요?

함께 지내던 친구들이 점점 사라질 때 어떤 기분이 들었나요?

사람들에게 하고 싶은 말이 있다면 솔직하게 이야기해 주세요.

4단계 **나도 신문 기자**

 **아리와 함께 후루룩 신문 일기 쓰기**
**우리 이제 신문 일기를 써 볼까?
'속마음 인터뷰'에 적은 내용을 활용해도 좋아.**

제목:

월   일   요일

 **일기 쓰기를 도와주는 아리의 질문**

- 기사를 읽기 전, 철창에 갇힌 개의 사진을 봤을 때 어떤 느낌이 들었어?
- '개 식용 종식법'에 대해 어떻게 생각해? (좋은 법이다. 왜냐하면~ / 좋지 않은 법이다. 왜냐하면~)
- '개 식용 종식법' 말고 동물을 위해 어떤 법이 더 필요할까?

정말 잘했어!
자랑스러워! 해낼 줄 알았어!

© yamasan0708 / Shutterstock

신아리의 오늘의 단어

무심하다

: 다른 사람의 일에 관심을 갖지 않고, 걱정도 하지 않는 것을 뜻해요.

예) 우리가 아무리 시끄럽게 떠들어도 그 친구는 무심하게 창밖만 바라봤어요.

재원이는 학교를 마치고 집으로 신나게 달려갔어요. 오늘 체육 시간에 '줄넘기 50번 뛰기'에 성공했거든요. 이 기쁜 소식을 엄마, 아빠한테 알리고 칭찬을 듬뿍 받고 싶었어요.

'그동안 내가 얼마나 노력했던가! 음하하하!'

재원이는 원래 줄넘기를 잘 못하는 아이였어요. 처음에는 줄넘기를 한 번 넘는 것조차 힘들었지요. 하지만 매일 열심히 연습을 했더니 드디어 줄넘기 50번 뛰기에 성공한 거예요. 재원이는 집 문을 벌컥 열고 기쁜 소식을 알렸어요. 그런데 아빠는 "잘했어."라고 무심하게 대답하고는 설거지를 계속하셨어요. 시무룩해진 재원이는 엄마에게 다가갔어요.

"엄마 지금 바쁜데 나중에 얘기하자."

재원이는 힘이 쭉 빠졌어요.

'줄넘기 50번 뛰는 건 별로 대단한 게 아닌가 봐. 하긴, 2단 뛰기 하는 친구들도 있는데 뭐.'

여러분도 재원이와 비슷한 경험이 있나요? 나는 정말 잘했다고 생각했는데 주변 사람들은 별로 칭찬을 해 주지 않아서 실망했던 경험 말이에요. 여러분이 만든 멋진 결과는 주변 사람의 칭찬과 관계없이 위대해요. 그리고 다른 사람의 칭찬보다 내가 나에게 해 주는 칭찬이 가장 값진 것이지요. 나에게 큰 소리로 말해 주세요.

"정말 잘했어. 자랑스러워! 해낼 줄 알았어."

2단계 자세히 신문 읽기

나는야 세상 이야기를 들으면 신이 나는 신문 병아리 신아리
아래 문장을 따라 쓰고, 소리 내서 읽어 봐.

나는 나를 자랑스럽게 생각해.

나는 충분히 멋지고 똑똑해.

잘하고 있어, (   ).

↳ 네 이름을 써 봐.

아리는 궁금한 게 너무 많아
언제 나를 칭찬하고 싶어? 모두 적어 봐!

에헴, 아침에 학교에 가려고 혼자서 잘 일어날 때마다 나를 칭찬하고 싶어. 나 자신, 정말 대단해!

3단계 놀면서 생각 쓰기

아리아리 신아리랑 칭찬 듬뿍 해 보자 칭찬 소나기

나에게 해 주고 싶은 말을 모두 찾아 적어 봐.

'칭찬 소나기'란?

하늘에서 소나기가 쏟아지듯, 칭찬이 쏟아지도록 나에게 칭찬을 많이 해 주는 거야.

- 넌 용감해.
- 넌 친절해.
- 좋아질 거야.
- 너랑 놀면 즐거워.
- 너를 믿어.
- 넌 소중해.
- 너라서 좋아.
- 너의 웃음이 보기 좋아.
- 넌 똑똑해.
- 할 수 있어.
- 넌 믿음이 가.
- 넌 좋은 사람이야.

 새로운 칭찬도 환영이야!

4단계 **나도 신문 기자**

 아리와 함께 후루룩 신문 일기 쓰기

우리 이제 신문 일기를 써 볼까?
'칭찬 소나기'에 적은 내용을 활용해도 좋아.

제목:

월   일   요일

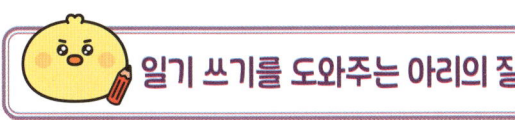 **일기 쓰기를 도와주는 아리의 질문**

✏ 기사 제목에 있는 '정말 잘했어.', '자랑스러워.'라는 문장을 읽었을 때 어떤 마음이 들었어?

✏ '칭찬 소나기'를 적으며 가장 기분이 좋았던 말은 어떤 거야?

✏ 매일 나 자신에게 칭찬하는 말을 들려준다면 어떤 일이 생길까?

1단계 신나는 신문 읽기

1주차
DAY 5. 사회

월   일

빈대 비켜!
내 피는 절대 줄 수 없다!

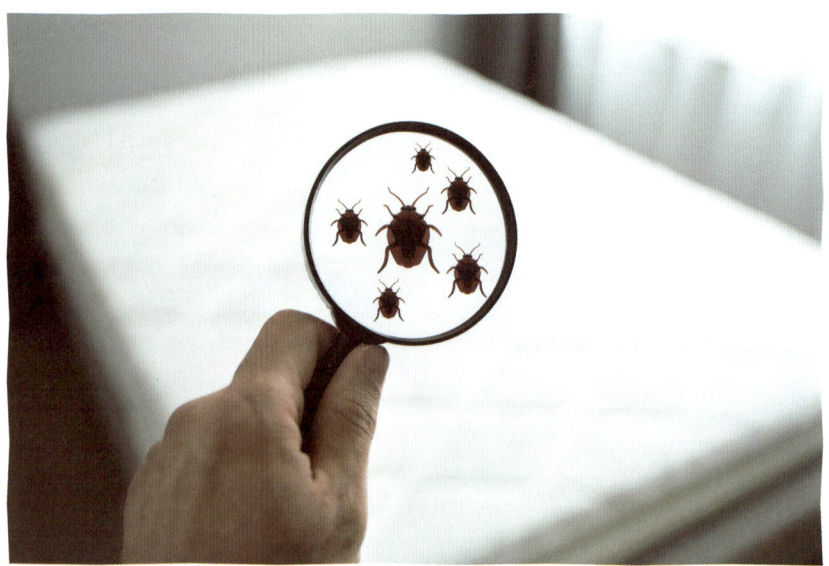

ⓒ getty images bank

신아리의 오늘의 단어

교류

: 서로 다른 사람, 지역, 나라 사이에서 물건이나 생각 등을 주고받는 것을 뜻해요.

예) 우리 반은 다른 지역에 사는 초등학교 친구들과 편지를 주고받으면서 꾸준히 교류하고 있다.

　사람들을 공포에 떨게 한 흡혈 곤충! 한 마리가 하룻밤 동안 최대 500회까지 피를 빨아 먹을 수 있다고 알려진 이 곤충의 이름은 무엇일까요?

　'베드 버그'라고도 불리는 이 곤충의 이름은 바로 '빈대'예요. 빈대는 사람과 동물의 피를 빨아 먹는 약 5mm 크기의 작은 갈색 벌레예요. 빈대는 모기와 달리 핏줄을 잘 찾지 못해서 2~3곳을 연달아 물어요. 빈대에게 물리면 모기에게 물렸을 때보다 더 가려울 수 있고, 두드러기나 고열에 시달리기도 한답니다.

　우리나라에서는 1970년대에 빈대가 거의 박멸되었지만, 최근 들어 다시 늘어나고 있어요. 전문가들은 해외여행을 많이 하고, 세계 여러 나라와의 교류가 점점 더 활발해지면서 다른 나라에 서식하던 빈대가 우리나라로 들어왔을 것으로 추측하고 있지요.

　빈대는 따뜻하고 습한 환경을 좋아하고, 실내 곳곳, 특히 침대와 소파 등에 많이 살아요. 낮에는 꼭꼭 숨어 있다가 밤이나 새벽에 나타나 사람들을 문답니다.

　만약 빈대의 흔적을 발견했을 경우 옷, 이불 등은 뜨거운 물에 세탁하고, 세탁할 수 없는 물건은 비닐봉지에 넣은 후 살충제를 뿌려 2~3일 동안 그대로 두어야 해요.

빈대 퇴치법에 관해 알아보아요.

2단계 **자세히 신문 읽기**

 **아리는 하고 싶은 말이 너무 많아**
빈대에게 보내는 경고장을 만들어 보자.

경고장

3단계 놀면서 생각 쓰기

아리아리 신아리랑 신나게 놀아 보자 키득키득 상상 공장

엉뚱해도 좋아. 상상력을 뭉게뭉게 부풀려 봐.

'키득키득 상상 공장'이란?

현실에서는 일어날 수 없는 일을 마음껏 상상해서 글을 써 보는 거야.

빈대가 사람보다 똑똑해진다면 어떤 일이 벌어질까?

빈대가 내 피를 빨아 먹은 후, 나와 똑같이 변신해서 나타난다면 어떻게 할 거야?

어느 날 눈을 떠 보니 빈대로 변해 버린 나! 이 일을 어쩌지?

4단계 **나도 신문 기자**

아리와 함께 후루룩 신문 일기 쓰기

우리 이제 신문 일기를 써 볼까?
'키득키득 상상 공장'의 질문 중 하나를 골라 자세히 적어도 좋아.

제목:

월   일   요일

일기 쓰기를 도와주는 아리의 질문

- 기사를 읽기 전, 빈대에 대해 들어 본 적 있니?
- '키득키득 상상 공장'에서 가장 재미있었던 질문은 어떤 거야?
- 빈대를 만나면 해 주고 싶은 말이 있어?

1단계 신나는 신문 읽기

1주차
DAY 6. 사회

월   일

플라코
자유를 사랑한 수리부엉이

후훗, 아무도 나를 가둘 수 없어.

뉴욕에서, 플라코 ⓒ Wikimedia Commons

신아리의
오늘의 단어

애도

: 사랑하던 상대의 죽음을 슬퍼하는 것을 뜻해요.

예) 누나는 키우던 장수풍뎅이를 땅에 묻으며 **애도**의 눈물을 흘렸다.

"그곳에서는 더 자유롭게 날아다니길 바랄게!"
"마법 같은 모습으로 우리에게 기쁨을 줘서 정말 고마워."

뉴욕 사람들은 세상을 떠난 플라코를 향해 애도의 말을 남겼어요. 플라코가 누구인지, 플라코에게 어떤 일이 생겼는지 알아볼까요?

플라코는 13살 수리부엉이예요. 거의 평생을 동물원에 갇혀 살던 플라코는 2023년 2월, 동물원에서 탈출한 뒤 뉴욕 도심 한가운데서 살았어요. 동물원 직원들은 다른 수리부엉이의 울음소리와 먹이로 플라코를 유인했지만, 번번이 실패했지요.

사람들은 동물원 생활에 길들여진 플라코가 도시에서 살아남을 수 있을지 걱정했어요. 하지만 플라코는 쥐를 잡아먹으며 혼자 힘으로 살아가는 것에 성공했지요. 낮에는 공원에서 휴식을 취하고 밤에는 날쌔게 날아다니며 사냥을 했답니다.

도시에서 살아남을 수 없을 것 같던 플라코가 거뜬히 살아남아 하늘 위를 훨훨 날아다니는 모습은 뉴욕의 많은 사람들에게 감동을 주었어요.

그런 플라코가 얼마 전 건물에 부딪혀 목숨을 잃었어요. 사람들은 플라코가 좋아했던 참나무 아래에 플라코를 그리워하는 편지와 초상화를 남기며 애도를 표현했답니다.

플라코의 모습이 궁금하다면 영상을 확인해 보아요.

2단계 자세히 신문 읽기

나는야 세상 이야기를 들으면 신이 나는 신문 병아리 신아리

동물원을 탈출한 플라코는 하늘을 훨훨 날며 어떤 말을 했을까?

드넓은 하늘이 정말 아름다워.

아리는 궁금한 게 너무 많아

플라코의 일기를 읽은 후, 틀린 단어에 X 하고 바르게 고쳐 봐(3개).

2월 7일, 햇살 좋은 날

동무런을 탈출한 지 며칠이 지났다.
아무도 먹이를 주지 않으니
내가 직접 사냥해야 했다.
한 번도 사냥해 본 적이 없어서
처음에는 실쑤를 많이 했다.
그래도 포기하지 않았다.
결국 생쥐 한 송이를 잡았다.
성공이다. 야호!

①

②

③

정답 189쪽

3단계 놀면서 생각 쓰기

 아리아리 신아리랑 색깔로 표현해 보자 무지개 쪽지
플라코를 생각하면 떠오르는 색깔을 골라 봐.

'무지개 쪽지'란?

주제에 어울리는 색깔을 고르고, 왜 그 색깔을 골랐는지 적어 보는 거야.

아리는 플라코를 생각하면 초록색이 떠올라.
초록 나무가 있는 공원 위를 자유롭게 날아다니는
플라코의 모습을 상상했거든.

검은색도 떠올라.
하늘나라로 간 플라코를 생각하니
마음이 슬퍼져서 그래.

4단계 **나도 신문 기자**

 아리와 함께 후루룩 신문 일기 쓰기

우리 이제 신문 일기를 써 볼까?
'무지개 쪽지'에 적은 색깔 이야기를 활용해도 좋아.

제목:

　　　　　　　　　　　　　　　　월　　일　　요일

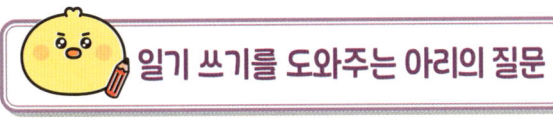 일기 쓰기를 도와주는 아리의 질문

- 친구에게 플라코에 대해 소개한다면 어떻게 말해 줄 거야?
- 플라코를 생각하면 떠오르는 색깔이 더 있어? 그 색깔이 떠오른 이유도 궁금해.
- 플라코에게 편지를 보낸다면 어떤 말을 하고 싶니?

1단계 신나는 신문 읽기

1주차
DAY 7. 속담

월   일

꿩 먹고 알 먹기

내가 알을 품고 있다는 사실을 아무도 눈치 못 채겠지?

ⓒ getty images bank

신아리의 비슷한 속담

도랑 치고 가재 잡는다
: 도랑(개울)을 치우다가 뜻하지 않게 가재도 잡는다는 의미예요.

누이 좋고 매부 좋다
: 누이에게 좋으면 누이의 남편인 매부에게도 좋다는 말이에요.

꿩 사냥꾼 순돌이는 꿩을 찾아 산을 돌아다녔어요. 꿩의 깃털조차 보이지 않아 지쳐 갈 무렵, 멀리서 미동 없이 앉아 있는 꿩을 발견했어요. 순돌이는 활을 꺼내 들고 살금살금 다가갔지요. 꿩은 작은 소리만 들려도 재빠르게 도망가기 때문에, 들키지 않기 위해 숨까지 참아 가며 걸었답니다. 보통은 꿩을 놀라게 해 날아오른 순간 화살을 쏘지만, 이번에는 아주 조용히 활시위를 당겼어요.
"와, 성공이다!"
순돌이가 쏜 화살은 꿩에게 명중했어요. 신나는 마음으로 꿩을 향해 달려간 순돌이는 가까이에서 꿩을 보고는 더 기뻐서 껄껄 웃었어요. 꿩이 알을 품고 있었거든요. 그래서 꿩이 도망가지 않은 것이지요.

"꿩도 잡고, 알도 먹게 됐네! 이렇게 기분 좋을 수가!"
꿩을 잡았더니 꿩의 알도 한 번에 얻은 것처럼, 한 가지 일을 하여 두 가지 이상의 이익을 얻을 때 **꿩 먹고 알 먹기**라는 속담을 사용해요.
이 속담을 듣고 신아리는 친구들과 마당에서 술래잡기했던 일이 떠올랐어요. 친구들과 놀아서 재미도 있고 열심히 뛰어다녀 운동까지 했으니, 그야말로 꿩 먹고 알 먹기라는 생각이 들었지요.

"꿩 먹고 알 먹기" 속담에 관해 더 자세히 알아보아요.

2단계 **자세히 신문 읽기**

나는야 세상 이야기를 들으면 신이 나는 신문 병아리 신아리

오늘 배운 속담을 따라 적어 보자.

꿩 먹고 알 먹기

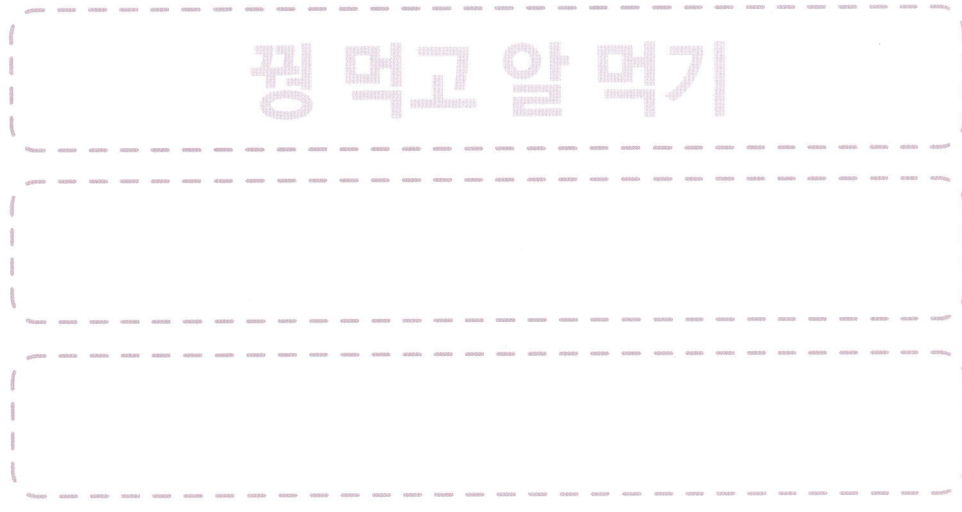

헤헤 못 맞힐걸?

설명을 읽고 어떤 낱말인지 맞혀 봐.

힌트! 기사에 있는 낱말이야.

ㄱ ㅌ	ㅎ	ㅁ ㅈ
새의 몸을 덮고 있는 털	화살을 쏠 수 있도록 만든 기구	화살이나 총알이 겨냥한 곳에 바로 맞음

정답 189쪽

3단계 놀면서 생각 쓰기

아리아리 신아리랑 꿩 먹고 알 먹기! 원 플러스 원 게임

좋았던 일에 좋았던 일을 더하면? 기분 최고!

'원 플러스 원 게임'이란?

"꿩 먹고 알 먹기"라는 속담처럼 한 가지 좋았던 일을 말하고,
그 일 덕분에 생긴 좋은 일을 계속 말해 보는 거야.

- 교문 앞에서 교장 선생님께 인사했더니 칭찬을 받아서 좋았어.
- **+1** 칭찬받는 내 모습을 보고 친구가 "오~." 하며 감탄해서 좋았어.
- **+1** 그 덕분에 친해지고 싶었던 친구와 대화를 나눌 수 있어서 좋았어.

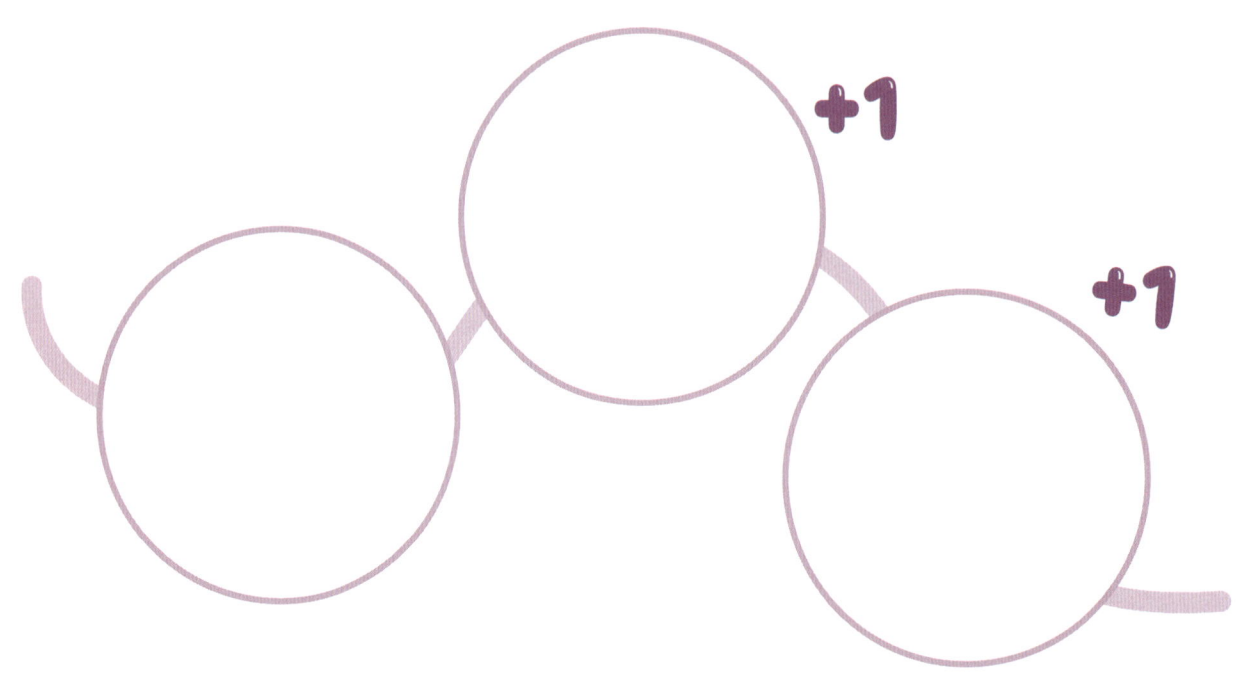

4단계 **나도 신문 기자**

 **아리와 함께 후루룩 신문 일기 쓰기**

우리 이제 신문 일기를 써 볼까?
'원 플러스 원 게임'에 적은 내용을 활용해도 좋아.

제목:

　　　　　　　　　　　　　　　월　　　일　　　요일

 **일기 쓰기를 도와주는 아리의 질문**

- "꿩 먹고 알 먹기"라는 속담을 간단하게 설명해 봐.
- 한 가지 일을 했더니 생각지도 못한 좋은 일이 따라왔던 경험이 있어?
- 나만의 속담을 만들어 보는 건 어때? 예) '＿＿ 먹고 ＿＿ 먹기', '＿＿ 하고 ＿＿ 하기'

1단계 **신나는 신문 읽기**

2주차
DAY 1. 동기 부여   월   일

월트 디즈니의 꿈
"용기만 있다면!"

ⓒ getty images bank   ⓒ Wikimedia Commons
월트 디즈니 (1901~1966)

신아리의 오늘의 단어

장편

: 내용이 긴 작품을 뜻하는 말이에요. 반대말은 '단편'이에요.

예) 나는 짧게 끝나는 영상을 여러 개 보는 것보다 **장편** 영화를 보는 것을 더 좋아한다.

　마음속에 비밀스럽게 간직한 꿈이 있나요? 다른 사람들에게 이야기하면 엉뚱하다고 웃어넘길 것 같아서 털어놓지 못한 나만의 꿈 말이에요.
　세계인에게 사랑받는 캐릭터 '미키마우스'를 만들고, 어린이들에게 꿈과 희망을 전하는 테마파크 '디즈니랜드'를 설립한 월트 디즈니는 엉뚱한 상상을 현실로 만든 사람이에요.
　어린 시절부터 상상하고 그림 그리는 것을 좋아하던 디즈니는 어른이 된 후에도 꿈을 간직하며 멋진 도전을 했어요. 아무도 쉽게 시도하지 않던 **장편** 애니메이션을 만들어 큰 인기를 끌었지요. 월트 디즈니의 용감한 도전은 이후 〈라이온 킹〉, 〈겨울왕국〉과 같은 작품이 탄생할 수 있는 계기가 되었답니다.
　그뿐만 아니라 월트 디즈니는 자신의 꿈과 생각을 믿고, 많은 사람이 반대하던 디즈니랜드도 만들었어요. 그렇게 탄생한 디즈니랜드는 지금 전 세계 어린이들에게 꿈과 희망을 전하는 멋진 테마파크로 자리 잡았지요.
　월트 디즈니는 이렇게 말했어요.
　"우리에게 꿈을 좇을 용기만 있다면, 우리의 모든 꿈은 이루어질 수 있습니다."
　여러분 마음속에 살고 있는 비밀스러운 꿈은 여러분이 용기 내어 도전하기를 기다리고 있답니다.

월트 디즈니가 만든 디즈니랜드의 현주소를 영상을 통해 만나 보아요.

2단계 **자세히 신문 읽기**

나는야 세상 이야기를 들으면 신이 나는 신문 병아리 신아리

아래 문장을 멋지게 꾸며서 다시 써 봐.

우리에게 용기만 있다면, 우리의 모든 꿈은 이루어질 수 있습니다.

우리에게 용기만 있다면, 우리의 모든 꿈은 이루어질 수 있습니다.

3단계 놀면서 생각 쓰기

 아리아리 신아리랑 신나게 놀아 보자! **두근두근 꿈 꾸러미**
머릿속에 꿈이 가득! 너의 생각을 적어 봐.

'두근두근 꿈 꾸러미'란?

되고 싶은 나, 하고 싶은 일, 듣고 싶은 말, 가고 싶은 곳!
꿈과 관련된 것은 무엇이든 좋으니 내 머릿속을 가득 채워 봐.

4단계 **나도 신문 기자**

아리와 함께 후루룩 신문 일기 쓰기

**우리 이제 신문 일기를 써 볼까?
'두근두근 꿈 꾸러미'에 적은 내용을 활용해도 좋아.**

제목:

월   일   요일

 일기 쓰기를 도와주는 아리의 질문 이 질문에 대한 답을 연결해서
일기로 적어 보아도 좋아.

- '우리에게 꿈을 좇을 용기만 있다면, 우리의 모든 꿈은 이루어질 수 있습니다.'라는 문장을 읽고 어떤 생각을 했어?

- '두근두근 꿈 꾸러미'에 적은 꿈이 모두 이루어졌을 때, 넌 어떤 말을 하고 있을까?

윤봉길 의사
우리나라의 독립운동을 세계에 알리다

윤봉길 의사 선서 장면 ⓒ Wikimedia Commons

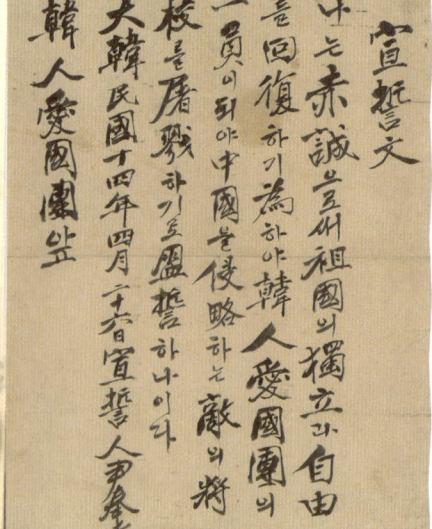
선서문 ⓒ 국립중앙박물관

신아리의 오늘의 단어

만행

: 수준이 낮고 교양이 없는 야만스러운 행동을 뜻해요.

예) 그 사람이 저지른 **만행**은 절대 용서할 수 없어.

'의거'도 찾아봐야지.

    1932년 4월 29일, 상하이 훙커우 공원에서는 일왕 생일 축하 기념행사가 열리고 있었어요. 1만 명의 일본군이 집결하고 수많은 사람이 참석하는 행사였지요. 바로 그날, 우리나라의 역사에 오래 기억될 '윤봉길 의사 의거'가 일어났어요.

    당시 우리나라는 일본에 나라를 빼앗겨 많은 사람이 고통 속에서 시간을 보내고 있었어요. 일본의 지배에 맞서 우리나라를 지키기 위해 독립운동을 해 오던 윤봉길 의사는 일왕 생일 축하 기념행사를 오랫동안 기다렸어요. 세계 사람들에게 일본의 **만행**과 우리나라의 독립운동을 알릴 수 있는 기회라고 생각했기 때문이에요.

    윤봉길 의사는 물통 폭탄과 도시락 폭탄을 만들어 행사에 참석했어요. 그러고는 적당한 때를 노려 일본 지도부가 모여 있는 단상을 향해 물통 폭탄을 던졌지요.

    폭탄은 어마어마한 폭발음과 함께 정확하게 단상에 떨어졌고, 일본 지도부 2명이 사망하고 여러 명이 크게 다쳤어요. 윤봉길 의사의 의거가 성공한 거예요. 이 일은 우리나라의 독립운동을 세계적으로 알리는 계기가 되었답니다.

    앞으로 매년 4월 29일에는 우리나라를 위해 목숨을 걸고 독립운동을 펼친 윤봉길 의사를 떠올리며 감사하는 시간을 가져 보도록 해요.

윤봉길 의사 의거에 대해 더 알아봐요.

2단계 자세히 신문 읽기

나는야 세상 이야기를 들으면 신이 나는 신문 병아리 신아리

즐거운 OX 퀴즈 시간! 기사를 잘 읽었다면 맞힐 수 있을 거야.

사전에서 '의사'를 찾아봐. 여러 가지 뜻이 있어.

1. 윤봉길 의사는 아픈 사람을 치료해 주는 의사 선생님이다.

2. 윤봉길 의사는 일왕 생일 축하 기념행사에서 도시락 폭탄을 던졌다.

3. 윤봉길 의사의 의거가 성공하여 세계 사람들에게 우리나라의 독립운동을 알릴 수 있었다.

····· 정답 189쪽

아리는 하고 싶은 말이 너무 많아

윤봉길 의사께 전하고 싶은 말을 적어 봐.

윤봉길 의사님, 저는 1학년 김호랑이라고 해요. 윤봉길 의사님은 어떻게 그런 용기를 내셨나요? 정말 대단해요.

안녕하세요, 저는 3학년 이멍멍이라고 합니다. 우리나라의 독립을 위해 목숨을 바쳐 노력해 주셔서 감사합니다.

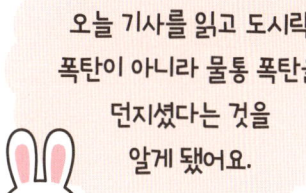

저는 박토토예요. 오늘 기사를 읽고 도시락 폭탄이 아니라 물통 폭탄을 던지셨다는 것을 알게 됐어요.

3단계 놀면서 생각 쓰기

아리아리 신아리랑 마음껏 상상해 보자 만약에 역사

과거의 일이 만약 다르게 진행되었다면 어땠을지 생각해 보자.

'만약에 역사'란?
실제 역사와 다르게 '만약 ~했다면' 어땠을지 상상해서 적어 보는 거야.

만약 윤봉길 의사 같은 독립운동가 10명이 일왕 생일 축하 기념행사에 한꺼번에 참석해 폭탄을 던졌다면 어떻게 됐을까?

우리 조상들 중 아무도 독립운동을 하지 않았다면, 지금 우리는 어떤 생활을 하고 있을까?

4단계 **나도 신문 기자**

 **아리와 함께 후루룩 신문 일기 쓰기**
우리 이제 신문 일기를 써 볼까?
아리의 질문에 대한 답을 적어도 좋아.

제목:

　　　　　　　　　　　　　　　　　월　　　일　　　요일

 **일기 쓰기를 도와주는 아리의 질문**

✏ 사진 속 윤봉길 의사는 어떤 생각을 하고 있었을까?

✏ 네가 만약 윤봉길 의사의 아들 또는 딸이었다면, 어떤 마음이 들었을 것 같아?

✏ 윤봉길 의사는 하늘에서 지금의 대한민국 사람들에게 어떤 말을 건네고 싶어 할까?

2주차
DAY 3. 가족

월   일

어버이날 맞이
부모님 속마음 인터뷰

ⓒ getty images bank

신아리의 오늘의 단어

감회

: 지난 일을 돌이켜 볼 때 느껴지는 마음을 뜻해요.

 할머니는 옛날 사진을 우리에게 보여 주시며 **감회**에 잠긴 표정을 지으셨어요.

　5월 8일은 어버이날이에요. 부모님과 웃어른의 사랑에 감사하는 마음을 표현하는 날이지요. 희진이는 어버이날을 맞아 '부모님 속마음 인터뷰'를 해 보았어요.

　희진 | 희진이 엄마, 아빠 님! 지금부터 인터뷰를 시작하겠습니다. 어버이날을 맞이한 소감이 어떠신가요?

　엄마 | 설레고 기쁩니다. 아기 같던 희진이가 이렇게 자라서 인터뷰를 신청하니 감회가 새롭네요.

　아빠 | 저도 희진이 엄마와 같은 마음입니다. 아침부터 희진이는 편지를 주고, 희진이 동생 희찬이는 카네이션을 접어 선물해 주니 세상에서 가장 행복한 아빠가 된 것 같습니다.

　희진 | 네, 그렇군요. 희진이와 희찬이를 키우시면서 가장 행복한 순간은 언제였나요?

　엄마 | 희진이, 희찬이와 토요일 아침에 여유롭게 이야기 나누는 순간이 제일 행복해요.

　희진 | 희진이와 희찬이에게 바라는 것이 있다면 무엇인가요?

　아빠 | 아프지 않고 건강하게 자랐으면 좋겠습니다. 몸도, 마음도 탈 없이 건강하게 자라면 부모로서 더 바랄 것이 없지요.

　희진 | 네, 건강한 희진이가 되겠습니다. 인터뷰 해 주셔서 감사합니다.

부모님께 감사하는 마음을 가지며
영상 속 이야기를 들어 보아요.

2단계 **자세히 신문 읽기**

나는야 세상 이야기를 들으면 신이 나는 신문 병아리 신아리

희진이처럼 '부모님 속마음 인터뷰'를 하고, 답해 주신 내용을 적어 보자. 마지막에는 나만의 질문을 해 봐.

엄마, 아빠 님! 어버이날을 맞이한 소감이 어떠신가요?

저를 키우시면서 가장 행복한 순간은 언제였나요?

저에게 바라는 것이 있다면 솔직하게 말씀해 주세요.

3단계 놀면서 생각 쓰기

 아리아리 신아리랑 부모님과의 추억을 떠올려 보자 **추억이 방울방울**

부모님과 보냈던 시간 중 생각만 해도 웃음이 나는 기억을 떠올려 봐.

'추억이 방울방울'이란?

사진 속 한 장면처럼 머릿속에 방울방울 떠오르는 예쁜 추억을 적거나 그려 보는 거야.

가족과 같이 공원에 갔어요.

4단계 **나도 신문 기자**

아리와 함께 후루룩 신문 일기 쓰기

우리 이제 신문 일기를 써 볼까?
'추억이 방울방울'에 적은 내용을 바탕으로 부모님께 편지를 써도 좋아.

제목:

월   일   요일

일기 쓰기를 도와주는 아리의 질문

- 부모님을 떠올리면 어떤 마음이 드니?
- 부모님과 함께했던 추억 중 가장 생생하게 머릿속에 그려지는 날을 떠올려 봐.
- 부모님과의 추억을 되짚어 보니 어떤 생각이 들어?

 2주차 DAY 4. 사회

월   일

화성에서 살 사람 모두 모여라!

발사 대기 중인 스타십 ⓒ getty images Korea

신아리의 오늘의 단어

안착하다

: 어떤 곳에 무사히 잘 도착하는 것을 말해요.

예) 친구와 함께 날린 종이 비행기가 미끄럼틀 위에 **안착**했어요.

지구를 떠나 우주 어딘가에서 살아가는 상상을 해 본 적 있나요? 그런 상상을 실현하기 위해 차근차근 준비하고 있는 사람이 있어요. 바로 일론 머스크예요.

일론 머스크는 화성에 도시를 만들고, 사람들을 이주시키고 싶다는 꿈을 갖고 있어요. 2050년까지 100만 명의 사람이 화성에 살 수 있도록 만들겠다는 엄청난 목표를 세웠지요.

오래전부터 시작된 일론 머스크의 꿈은 조금씩 이루어져 가고 있어요. 지난 2024년 3월, 일론 머스크의 회사에서 '스타십'을 발사하고 지구 궤도에 **안착**시키는 데 성공하는 것을 본 사람들은 입을 다물지 못했어요.

스타십은 인류 최대의 로켓으로, 100명의 사람이 탈 수 있고 150톤이나 되는 짐을 실을 수 있다고 해요.

이 거대한 로켓은 2024년 6월, 네 번째 시도 끝에 드디어 지구의 궤도를 비행한 후 다시 지구로 돌아오는 것까지 성공했어요. 이번 성공으로 인해 인류가 화성으로 가는 데 한 걸음 더 가까워졌다는 평가가 이어지고 있지요.

모두가 "말도 안 돼!"라고 했지만, 일론 머스크는 불가능해 보이는 꿈을 향해 진지하게 도전하고 하나씩 이루어 가고 있답니다.

로켓 '스타십'의 발사 과정이 궁금하다면 영상을 통해 만나 보아요.

2단계 자세히 신문 읽기

아리는 궁금한 게 너무 많아

화성에서 살게 된다면, 뭘 가져가고 싶어?
'스타십' 우주선에 꼭 싣고 갈 물건 5가지를 생각해서 적어 봐.

으아, 출발이다! 너무 빨라!
빠뜨리고 가는 건 없겠지?
내 애착 베개는 잘 챙겼나?

나는야 세상 이야기를 들으면 신이 나는 신문 병아리 신아리

일론 머스크에게 궁금한 점이 있다면 적어 봐.

화성에 도시를 만들겠다고 했을 때, 부모님은 뭐라고 말씀하셨나요?

스타십 우주선에 동물도 태울 수 있나요?

3단계 놀면서 생각 쓰기

아리아리 신아리랑 꿈을 위해 노력하는 사람에게 선물하자 **위대한 상장**

화성에 도시를 만들겠다는 어마어마한 꿈을 하나씩 이루어 가는 일론 머스크에게 상장을 수여해 보자.

'위대한 상장'이란?
멋진 일을 한 인물을 칭찬하는 상장을 직접 만들어 보는 거야.

상

일론 머스크

어린이 대표

4단계 **나도 신문 기자**

아리와 함께 **후루룩 신문 일기 쓰기**

우리 이제 신문 일기를 써 볼까?
'위대한 상장'에 적은 내용을 활용해도 좋아.

제목:

월   일   요일

일기 쓰기를 도와주는 아리의 질문

✏️ 기사를 읽기 전, 일론 머스크에 대해 알고 있었어?

✏️ 기사를 읽으며 일론 머스크의 꿈과 도전에 대해 어떤 생각을 했어?

✏️ 기사를 읽은 후, 일론 머스크에게 하고 싶은 말이 있니?

준우의 눈물
"왜 나만 많이 혼나는 거야?"

ⓒ getty images bank

신아리의 오늘의 단어

왜소하다
: 몸이 작고 마른 것을 뜻해요.

예) 우리 오빠는 **왜소해** 보이지만 힘이 세서 팔씨름 대회에서 언제나 1등을 한답니다.

"준우! 장난으로라도 친구 아프게 하지 않기로 약속했지? 힘 조절하기!"
 선생님이 준우를 바라보며 단호하게 말씀하셨어요. 준우의 눈에는 눈물이 그렁그렁 맺혔지요. 친구와 같이 장난을 쳤지만 혼나는 건 늘 준우였어요. 키가 크고 힘이 센 준우가 행동을 크게 하면, 약하고 왜소한 친구들은 놀라서 울음을 터뜨리곤 했으니까요.
 '친구를 때리려고 한 건 아닌데…. 그냥 같이 재미있게 놀다가 그렇게 된 건데….'
 준우의 속상한 마음을 누구보다 잘 알아주는 사람은 엄마였어요. 준우는 집으로 돌아가 엄마를 보자 참았던 눈물이 왈칵 터졌지요.

"우리 준우가 이렇게 우는 걸 보니 엄청 속상했나 보네."
"똑같이 장난쳤는데 왜 나만 많이 혼나는 거야? 엉엉… 나도 이제 친구들처럼 울 거야! 엉엉…."
 엄마는 준우를 토닥이며 말씀하셨어요.
"준우가 힘이 세고, 키가 크다는 건 아주 커다란 장점이야. 그 장점을 아직 잘 사용하지 못해서 오늘처럼 오해받기도 하고, 억울한 일이 생기기도 하는 거야. 오늘부터 준우의 장점을 어떻게 하면 잘 사용할 수 있을지 엄마랑 같이 고민해 보는 건 어때?"
 엄마의 말을 듣고 준우는 가만히 생각에 잠겼답니다.

2단계 **자세히 신문 읽기**

나는야 세상 이야기를 들으면 신이 나는 신문 병아리 신아리

지금 너의 마음은 어때? 아리랑 마음 공부 해 보자.

야속하다

: 사정을 몰라주거나 쌀쌀맞은 상대에게 섭섭한 마음이 든다.

동생이랑 놀다가 동생이 나한테 부딪혀서 넘어졌는데 엄마가 나만 혼냈어.
치… 야속한 엄마.

야속한 마음이 들었던 순간을 떠올려 봐.

감기에 걸려 코를 훌쩍거렸는데 영어 학원 선생님이 조용히 하라고 했을 때

3단계 놀면서 생각 쓰기

아리아리 신아리랑 마음을 토닥토닥 나도 그랬어

나의 사정을 몰라주는 상대방에게 야속했던 경험을 떠올려 보고 준우에게 공감의 말을 건네 보자.

'나도 그랬어'란?

인물과 비슷한 감정을 느꼈던 순간을 떠올린 후 인물에게 공감의 말을 해 주는 거야.

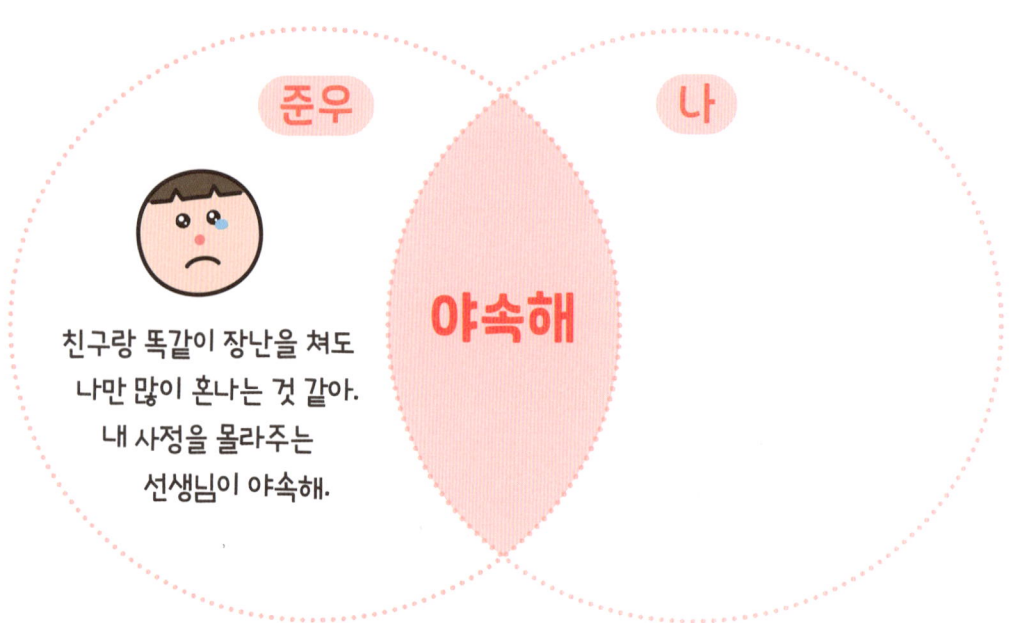

준우
친구랑 똑같이 장난을 쳐도 나만 많이 혼나는 것 같아. 내 사정을 몰라주는 선생님이 야속해.

야속해

나

준우야! 나도 그랬어.

4단계 **나도 신문 기자**

아리와 함께 **후루룩 신문 일기 쓰기**

우리 이제 신문 일기를 써 볼까?
아리의 질문에 대한 답을 적어도 좋아.

제목:

　　　　　　　　　　　　　　월　　　일　　　요일

일기 쓰기를 도와주는 아리의 질문

- 기사를 읽기 전, "왜 나만 많이 혼나는 거야?"라는 문장을 보고 어떤 생각을 했어?
- 기사를 읽으면서 준우에게 어떤 마음이 들었니?
- 나를 서운하게 한 상대방에게는 어떻게 말하면 좋을까?

61

2주차
DAY 6. 과학

월   일

화산, 폭발하지 마!

ⓒ Wikimedia Commons

신아리의 오늘의 단어

기상청

: 공기 중에서 일어나는 여러 가지 현상을 관측하여, 날씨를 미리 알려 주는 기관이에요.

예) **기상청**에서 내일 비가 내릴 것이라고 말했어요.

'대피'도 찾아봐야지.

    신이 머무는 장소라고 여겨질 만큼 아름다운 아이슬란드의 블루 라군은 세계적인 온천으로 꼽히는 곳이에요.
    그런데 최근 들어 블루 라군 근처에서 화산 폭발이 자주 일어나고 있어요. 2024년 3월 16일 밤, 화산에서 용암이 뿜어져 나와 마을 주민들과 관광객들이 긴급하게 대피하는 일도 있었지요. 다행히 화산 폭발이 일어나기 전, 아이슬란드 **기상청**이 미리 이를 알아채 사람들에게 알렸고, 덕분에 크게 다치거나 목숨을 잃은 사람은 없었답니다.
    최근 화산 폭발이 자주 일어나고 있는 아이슬란드 레이캬네스 반도의 화산은 지난 800년 동안 한 번도 활동한 적이 없었으나, 2021년부터 다시 활동을 시작했어요. 이후 일곱 번이나 폭발이 이어져 활화산으로 분류되고 있지요.
    활화산이란 지금도 활발히 활동하는 화산을 뜻하는 말이에요. 반대로 사화산은 현재 활동을 하고 있지 않고, 미래에도 활동하지 않을 것으로 예상되는 화산을 말해요.
    하지만 사화산으로 여겨졌던 화산이 다시 활동을 시작하는 경우도 종종 있기 때문에, 사화산을 정하는 것은 매우 어려운 일이에요.

아이슬란드가 어디에 있는지 지도에서 찾아봐.

화산 폭발의 원리를
영상을 통해 확인해 보아요.

2단계 **자세히 신문 읽기**

나는야 세상 이야기를 들으면 신이 나는 신문 병아리 신아리
기사를 읽고 사건 일지를 쓸 거야. 빈칸을 채워 일지를 완성해 줘.

<사건 일지>

- 2024년 3월 16일 밤, 블루 라군 근처 화산에서 ㅇ □ 이 뿜어져 나와 주민들과 관광객이 대피했어요.

- 다행히 ㄱ □ □ 이 미리 알려 크게 다치거나 목숨을 잃은 사람은 없었어요.

······• 정답 189쪽

아리는 궁금한 게 너무 많아
화산이 폭발해도 살아남을 수 있는 생명체가 있다면 어떤 모습일까?

상상 속 생명체의 모습을
그림이나 글로 표현해 봐!

3단계 놀면서 생각 쓰기

아리아리 신아리랑 재미있게 어휘 공부하자 똑똑 단어 카드

세상에 오직 하나, 나만의 단어 카드를 만들어 봐.

'똑똑 단어 카드'란?

기사의 내용 중 중요한 단어를 고르고,
그림을 그리고 단어가 포함된 문장도 적어 카드로 만드는 거야.

화산

아이슬란드 화산 폭발에
관한 기사를 읽었다.

4단계 **나도 신문 기자**

 **아리와 함께 후루룩 신문 일기 쓰기**

우리 이제 신문 일기를 써 볼까?
'똑똑 단어 카드'에 적은 내용을 활용해도 좋아.

제목:

월   일   요일

 **일기 쓰기를 도와주는 아리의 질문**

- 기사를 읽기 전, 화산 폭발 사진을 보고 어떤 느낌이 들었어?
- 만약 우리나라에서 화산 폭발이 일어난다면 어떤 일이 벌어질까?
- 기사를 읽은 후, 새롭게 알게 된 점이 있다면 어떤 거야?

2주차
DAY 7. 과학

월   일

개복치에 관한 소문
과연 진실일까?

ⓒ getty images bank

신아리의 오늘의 단어

치어

: 알에서 깬 지 얼마 안 된 어린 물고기를 뜻해요.

예) 낚시하다가 치어를 잡으면 바다로 돌려보내 주세요.

'성어'도 찾아봐야지.

　햇빛이 강해서 죽고, 바위에 부딪혀서 죽고, 물이 너무 차가워서 죽고, 새우 껍질에 찔려서 죽고… 이래도 죽고, 저래도 죽는 물고기로 알려진 개복치에 대해 들어 본 적 있나요? 개복치에 관해 알려진 소문, 어떤 것이 맞고 어떤 것이 틀릴까요?
　개복치는 생김새가 매우 독특해요. 쟁반같이 둥글고 넓적한 몸통에 지느러미가 양옆에 붙어 있는데, 보통 물고기와 비교하면 꼬리지느러미 없이 커다란 머리만 있는 것처럼 생겼어요. 그래서 서양에서는 '얼굴 물고기(Headfish)'라고 부르기도 해요.
　치어일 때 개복치의 크기는 약 2.5mm, 몸무게는 1g 정도로 매우 작아요. 그러나 다 자라고 나면 천적을 찾기 힘들 정도로 큰 초대형 물고기가 되지요. 최대 크기는 4m, 몸무게는 2톤까지 나가는 성어 개복치는 바다의 포식자가 된답니다.
　큰 덩치와 두꺼운 피부 덕분에 소문과 달리 쉽게 죽진 않지만, 실제로 개복치는 수질과 빛, 상처 등에 매우 민감하다고 해요. 스트레스를 받으면 직진만 하는 습성이 있어서 수족관에서 키우면 벽에 부딪혀 죽기도 하고요. 아마 이런 이유가 부풀려져 이래도 죽고, 저래도 죽는다는 개복치에 관한 소문이 생겨난 것 같아요.

물속을 헤엄치는 개복치의 모습이 궁금하다면 확인해 보아요.

2단계 **자세히 신문 읽기**

 **나는야 세상 이야기를 들으면 신이 나는 신문 병아리 신아리**

어린 개복치가 죽지 않고 성어로 자랄 수 있도록 '개복치 지킴이'가 되어 보자. 어린 개복치를 위해 무엇을 해 주면 좋을까?

아리아리 신아리!
어린 개복치가 잡아먹히지 않도록
지켜 줄 거야.

 헤헤 못 맞힐걸?

설명을 읽고 어떤 낱말인지 맞혀 봐.

 힌트! 기사에 있는 낱말이야.

| ㅅㅁ | ㅊㅇ | ㅊㅈ |

사람들의 입에 오르내리며 떠돌아다니는 말

알에서 깬 지 얼마 안 된 어린 물고기

먹고 먹히는 관계에서 어떤 생물을 공격해 잡아먹는 생물을 이르는 말

········● 정답 189쪽

67

3단계 놀면서 생각 쓰기

아리아리 신아리랑 두근두근 진실 게임 진실 혹은 거짓

진실 사이에 거짓 숨겨 놓기! 거짓은 무엇?

'진실 혹은 거짓'이란?

기사 내용을 참고해서 사실인 문장 3개와 거짓인 문장 1개를 만들어 봐.
그리고 가족 중 한 명에게 거짓인 문장을 찾아 보라고 하는 거야.
과연 찾을 수 있을까?

'개복치는 최대 2m까지 자란다.'
아리아리 신아리가 만든 문장은 진실 혹은 거짓?

4단계 **나도 신문 기자**

아리와 함께 후루룩 신문 일기 쓰기

우리 이제 신문 일기를 써 볼까?
'진실 혹은 거짓'에 적은 내용을 활용해도 좋아.

제목:

월   일   요일

 **일기 쓰기를 도와주는 아리의 질문**

- 기사를 읽기 전, 개복치의 사진을 보고 어떤 특징을 가진 물고기라고 생각했어?
- 기사를 읽으면서 놀라웠던 점, 새롭게 알게 된 점이 있다면 뭐야?
- 네가 만약 어린 개복치였다면, 살아남기 위해 어떤 행동을 했을까?

3주차
DAY 1. 예술

월   일

프리다 칼로
고통을 예술로 승화시킨 위대한 화가

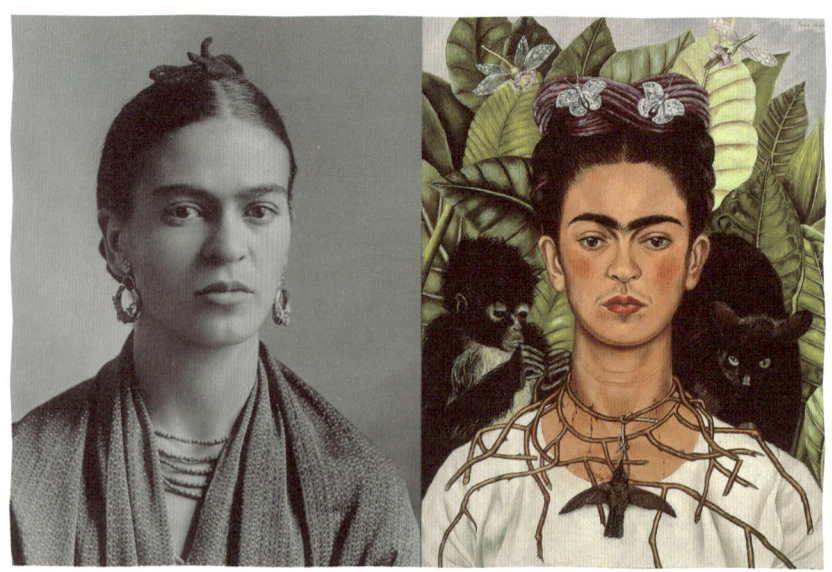

프리다 칼로 ⓒ Wikimedia Commons   〈가시 목걸이를 한 자화상〉 ⓒ getty images Korea

신아리의 오늘의 단어

승화

: 어떤 현상이 더 높은 상태로 발전하는 일을 뜻하는 말이에요.

예) 우리 누나는 배고픔을 노래로 승화시켜서 배고플 때마다 재미있는 노래를 불러요.

　몸과 마음의 고통을 승화시켜 멋진 예술 작품을 만들어 낸 화가 '프리다 칼로'의 일생에 대해 알아볼까요?

　프리다 칼로는 멕시코에서 태어났어요. 어렸을 적 소아마비를 앓아 한쪽 다리가 불편했지만 똑똑한 소녀로 성장했지요. 하지만 프리다 칼로는 18살에 끔찍한 교통사고를 당해 척추와 골반, 다리 등을 크게 다치고 말아요. 이로 인해 프리다 칼로는 9개월 동안 깁스를 한 채 침대에 누워서 생활해야 했어요. 두 손만 움직일 수 있었던 프리다 칼로를 위해 부모님은 누워서 그림을 그릴 수 있는 받침대와 도구를 마련해 주었어요. 그때부터 프리다 칼로는 자화상을 그리기 시작했어요.

　이후 프리다 칼로는 사랑하는 사람을 만나 결혼했지만, 상대에게 몇 번의 배신을 당하고 슬픔에 잠겨요. 그뿐만 아니라 교통사고로 인해 다쳤던 척추 때문에 몇 차례나 더 수술을 받아야 했지요.

　그러나 프리다 칼로는 포기하지 않고 자신이 겪은 고통을 그림에 담아 표현했어요. 침대에 누운 채로 본인의 전시회에 참석하기도 했지요. 그녀의 작품 속에 담겨 있는 삶과 열정은 지금도 많은 사람에게 깊은 감동과 울림을 주고 있어요.

프리다 칼로에 대해 더 알아보고 싶다면
영상 속 그림책을 살펴보아요.

2단계 **자세히 신문 읽기**

나는야 세상 이야기를 들으면 신이 나는 신문 병아리 신아리

재미있는 수수께끼 시간! 질문을 읽고 알맞은 답을 골라 봐.

1. 프리다 칼로가 태어난 곳은?   미국   멕시코

2. 18살 때 프리다 칼로가 겪은 끔찍한 일은?   교통사고   화재

3. 프리다 칼로가 몸과 마음의 고통을 승화시켜 만든 멋진 작품은?   사진   그림

······· 정답 189쪽

아리는 궁금한 게 너무 많아

프리다 칼로에게 하고 싶은 말이나 궁금한 점이 있다면 적어 봐.

불행하고 힘든 일이 생길 때 어떤 생각을 하면서 힘을 내셨나요?

3단계 놀면서 생각 쓰기

아리아리 신아리랑 칭찬 듬뿍 해 보자 칭찬 소나기

프리다 칼로에게 해 주고 싶은 말을 모두 찾아 적어 봐.

'칭찬 소나기'란?
하늘에서 소나기가 쏟아지듯, 칭찬이 쏟아지도록 칭찬을 많이 해 주는 거야.

- 당신은 용감해요.
- 당신은 소중해요.
- 당신은 대단해요.
- 당신을 믿어요.
- 당신의 삶은 멋져요.
- 당신은 끈기 있어요.
- 당신은 멋있어요.
- 당신의 그림은 최고예요.
- 당신의 삶을 본받고 싶어요.

 새로운 칭찬도 환영이야!

4단계 **나도 신문 기자**

아리와 함께 후루룩 신문 일기 쓰기

**우리 이제 신문 일기를 써 볼까?
아리의 질문에 대한 답을 적어도 좋아.**

제목:

월   일   요일

   일기 쓰기를 도와주는 아리의 질문   이 질문에 대한 답을 연결해서 일기로 적어 보아도 좋아.

✏ 기사를 읽기 전, 프리다 칼로의 그림을 보고 어떤 느낌이 들었어?

✏ 프리다 칼로에게 닥친 많은 시련 중 어떤 일이 가장 힘들었을까? 그렇게 생각한 이유는 뭐야?

1단계 신나는 신문 읽기

3주차
DAY 2. 과학

월   일

수백조 마리 매미 떼
221년 만에 찾아온다

ⓒ Wikimedia Commons

신아리의 오늘의 단어

주기

: 어떤 일이 일정한 간격을 두고 반복될 때, 한 번 일어난 후 되풀이되기까지의 기간을 '주기'라고 해요.

예) 우리 반은 일주일을 주기로 학급 회의를 하기로 했어요.

올여름 미국에 221년 만에 어마어마한 매미 떼가 나타날 것으로 예고되어 사람들의 관심을 끌고 있어요.

전문가들은 매미 떼가 미국 곳곳을 뒤덮고, 제트기가 지나가는 정도의 커다란 울음소리가 들릴 것으로 예상했어요. 매미 떼의 숫자는 최대 1천조 마리가 될 수도 있다고 전망했답니다.

매년 여름이면 매미를 흔히 볼 수 있지만, 미국에서 어떤 매미는 13년 또는 17년에 한 번 떼를 지어 등장해요. 이처럼 특정 주기마다 나타나는 매미를 '주기 매미'라고 불러요.

2024년은 13년을 주기로 등장하는 매미 떼와 17년을 주기로 등장하는 매미 떼가 한꺼번에 출현하는 시기예요. 1803년 이후 처음 있는 일이지요. 이 매미들은 주변에서 흔히 볼 수 있는 매미와 달리 대체로 주황색 눈을 가지고 있어요.

곤충학자들은 221년 만에 체험하는 신비로운 자연 현상을 통해 귀한 정보를 수집할 수 있을 것으로 기대하며 올여름을 기다리고 있어요.

매미는 사람에게 해를 끼치지 않고, 농작물에 피해를 주지도 않는 곤충으로, 새의 소중한 먹잇감이기도 해요. 그래서 미국 정부는 매미 떼가 몰려와도 되도록 죽이지 말라고 안내하고 있지요.

17년 주기 매미가 등장했을 때 어떤 일이 일어났었는지 영상을 통해 확인해 보아요.

2단계 **자세히 신문 읽기**

 **아리아리 신아리와 함께 하는 특별한 미술 시간**

우리 집에도 매미가 찾아왔어. 색종이로 매미를 만들어 볼까?

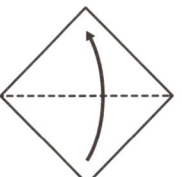

① 세모로 접어요.

② 양옆을 접어요.

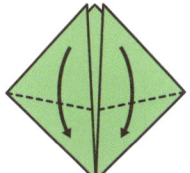

③ ②에서 접은 부분을 앞으로 내려서 접어요.

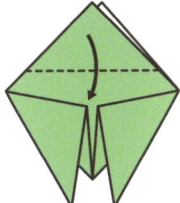

④ 위 세모 부분에서 한 장만 앞으로 접어요.

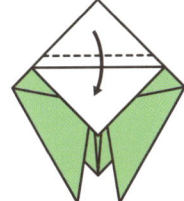

⑤ 위 세모에서 뒷장을 앞장과 조금 간격을 두고 앞으로 접어요.

⑦ 맴맴 매미 완성!
초롱초롱한 눈을 그리거나 붙여 주어도 좋아요.

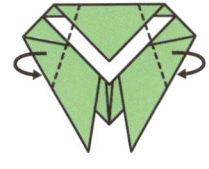

⑥ 양옆을 뒤로 접어요.

완성한 매미를 붙여 봐!

3단계 놀면서 생각 쓰기

 **아리아리 신아리랑 마음껏 말해 보자 거침없이 야호**

13년 또는 17년 주기 매미는 땅 위로 올라와서 무슨 말을 할까?

'거침없이 야호'란?

기사 속 주인공이 되어 하고 싶은 말을 거침없이 들려주는 거야.
문장을 시작할 때는 '하고 싶은 말이 있어.'로 시작하기!

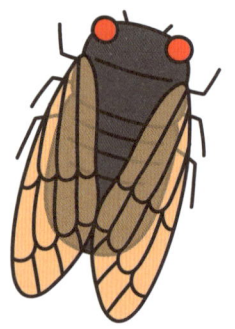

내 소개를 할게.
나는 17년 동안 땅속에서 지내다가
얼마 전 땅 위로 올라온 17년 주기 매미야.

난 이미 17년이나 살았으니
이 신문을 읽고 있는 어린이보다 나이가
많을걸?
흠흠! 내 얘기 잘 들어 봐.

하고 싶은 말이 있어.

하고 싶은 말이 있어.

4단계 **나도 신문 기자**

 `아리와 함께 후루룩 신문 일기 쓰기`
**우리 이제 신문 일기를 써 볼까?
'거침없이 야호'에 적은 내용을 활용해도 좋아.**

제목:

월   일   요일

 `일기 쓰기를 도와주는 아리의 질문`

- 기사를 읽기 전, '수백조 마리 매미 떼 221년 만에 찾아온다'라는 제목을 보고 어떤 생각이 들었어?
- 네가 만약 매미였다면 어떤 생각을 하고, 어떤 행동을 했을까?

1단계 신나는 신문 읽기

3주차
DAY 3. 속담

월   일

똥 누러 갈 적 마음 다르고 올 적 마음 다르다

으악! 너무 급해!

© getty images bank

신아리의 오늘의 단어

애원하다

: 불쌍하게 사정하며 부탁을 들어주기를 간절히 바라는 것을 뜻해요.

예) 친구는 자기 잘못을 선생님께 말하지 말라고 **애원했어요.**

"으아악! 나올 것 같아. 제발 빨리 좀 나와, 누나!"
"나 손 다 씻고 나갈 테니까 기다려."
"누나! 지금 바로 나오면 어제 아빠가 사 온 아이스크림 내 것까지 누나 다 줄게. 제발… 응? 나 지금 진짜 똥 나오려고 해!"

민준이의 누나는 아이스크림을 준다는 말에 솔깃해서 얼른 화장실 문을 열어 주었어요. 우당탕 화장실로 뛰어 들어간 민준이는 볼일을 다 보고 나니 조급하던 마음이 편안해졌지요.

손을 깨끗이 씻고 나온 민준이는 자기의 아이스크림을 먹고 있는 누나를 보자 심술이 났어요.
"누나! 그거 내 아이스크림이잖아!"
"네가 이거 나 준다고 말했잖아."
"아니, 그건 그때 똥이 너무 마려워서 그랬지! 급해서 한 말인데, 진짜 누나가 먹어 버리면 어떡해."

민준이와 같은 상황을 "똥 누러 갈 적 마음 다르고 올 적 마음 다르다"라고 해요.

자신에게 간절히 필요할 때는 사정을 하며 막상 일이 끝나면 마음이 변하여 아무 일도 없었던 것처럼 모르는 척한다는 의미이지요.

아리아리 신아리는 간식을 나눠 달라고 간절히 **애원하던** 친구에게 과자를 주었더니, 과자를 다 먹고는 언제 그랬냐는 듯 심술 맞게 굴던 친구가 떠올랐어요.

오늘 배운 속담과 관련된 이야기를 영상으로 만나 보아요.

2단계 **자세히 신문 읽기**

나는야 세상 이야기를 들으면 신이 나는 신문 병아리 신아리

오늘 배운 속담을 따라 적어 보자.

똥 누러 갈 적 마음 다르고 올 적 마음 다르다

똥 누러 갈 적 마음 다르고 올 적 마음 다르다

아리는 궁금한 게 너무 많아

"똥 누러 갈 적 마음 다르고 올 적 마음 다르다"라는 속담과 비슷한 경험이 있다면 적어 봐.

텔레비전을 30분만 더 보고 난 뒤에 1시간 동안 공부하겠다고 엄마랑 약속했어. 하지만 텔레비전을 다 보고 나니 공부하기 싫어서 짜증이 났지.

3단계 놀면서 생각 쓰기

아리아리 신아리랑 중요한 내용만 쏙쏙 줄어드는 마법 상자

기사에서 중요한 내용을 찾아서 요약해 보자.

'줄어드는 마법 상자'란?

기사의 핵심 내용만 드러낼 수 있도록 기사를 간단하게 다시 써 보는 거야.

 아래 질문에 대한 답을 적다 보면, 저절로 기사 내용을 요약할 수 있을 거야!

- 민준이에게 어떤 위기가 찾아왔나요?
- 위기를 해결하기 위해 민준이는 어떻게 행동했나요?
- 위기를 해결한 후 민준이는 어떻게 행동했나요?
- 민준이의 행동과 어울리는 속담은 무엇인가요?

4단계 나도 신문 기자

아리와 함께 후루룩 신문 일기 쓰기

우리 이제 신문 일기를 써 볼까?
아리의 질문에 대한 답을 적어도 좋아.

제목:

월   일   요일

 **일기 쓰기를 도와주는 아리의 질문**

- 네가 만약 민준이였다면 어떻게 행동했을 것 같아?
- "똥 누러 갈 적 마음 다르고 올 적 마음 다르다"라는 속담이 잘 어울리는 상황 또는 인물이 있는지 떠올려 봐.

3주차
DAY 4. 사회

월   일

오래된 앙숙
이스라엘 VS 팔레스타인

이번 전쟁으로 피해를 입은 팔레스타인 가자 지구 ⓒ Wikimedia Commons

앙숙

: 나쁜 마음을 품고 서로 미워하는 사이를 뜻해요.

예) 우리 집 개와 옆집 개는 앙숙이라 만나기만 하면 으르렁댄다.

바람이 솔솔 부는 평화로운 하루를 보내고 있는 여러분! 지금 지구 어딘가에서 전쟁이 일어나고 있다면 믿어지나요?

중동의 두 나라, 이스라엘과 팔레스타인은 대규모 로켓과 폭탄이 오가는 전쟁을 겪고 있어요. 2023년 10월 7일, 팔레스타인 무장 단체 하마스의 기습 공격으로 전쟁이 시작된 후 지금까지 사망자가 수만 명에 달한다고 해요.

이스라엘과 팔레스타인은 아주 오래된 앙숙이에요. 하나의 땅을 두고 유대교를 믿는 이스라엘과 이슬람교를 믿는 팔레스타인이 서로 "내 땅이야!"라고 주장하며 갈등을 겪은 지 벌써 75년이 넘었어요.

오랫동안 앙숙이었지만 한동안 큰 전쟁으로까지 번지지는 않았던 두 나라가 갑자기 전쟁을 벌인 이유는 무엇일까요?

시작은 이스라엘의 네타냐후 총리가 다시 정권을 잡으면서부터였어요. 네타냐후 총리는 이스라엘 땅을 나눠 쓰는 팔레스타인 주민을 차별하고 쫓아내려 했어요. 이에 화가 난 하마스는 로켓을 쏘고, 이스라엘 사람 100명 이상을 인질로 잡아가며 기습 공격을 한 것이지요. 공격을 받은 이스라엘은 2023년 10월 8일, 전쟁을 공식 선포하며 반격했어요.

해가 바뀌도록 이스라엘과 팔레스타인 간의 전쟁이 지속되어 전 세계가 두 나라를 안타까운 마음으로 바라보고 있어요. 하루빨리 비극적인 전쟁을 멈추어야 해요.

이스라엘과 팔레스타인을 지구본이나 세계 지도에서 찾아봐.

2단계 자세히 신문 읽기

 **나는야 세상 이야기를 들으면 신이 나는 신문 병아리 신아리**

이스라엘과 팔레스타인처럼 앙숙인 관계를 주변에서 찾아 봐.

개와 고양이
우리 집 장수풍뎅이 암컷과 수컷

 **아리는 궁금한 게 너무 많아**

기사를 읽은 후 너의 생각을 말해 줘.

이스라엘의 네타냐후 총리가 먼저 팔레스타인 주민들을 괴롭혔으니 팔레스타인 사람들이 기분 나쁜 게 당연하지.

아무리 기분이 나빠도 폭탄을 터뜨리면서 기습 공격을 하는 건 안 된다고 생각해. 75년이나 앙숙으로 지냈으면 그만 화해할 때도 된 거 아냐?

3단계 놀면서 생각 쓰기

 **아리아리 신아리랑 중요한 내용만 쏙쏙 내 손안의 신문**

기사에서 중요한 내용을 찾아서 요약해 보자.

---- '내 손안의 신문'이란? ----

손에 적힌 질문에 답을 하면서 신문 내용을 요약해 보는 거야.

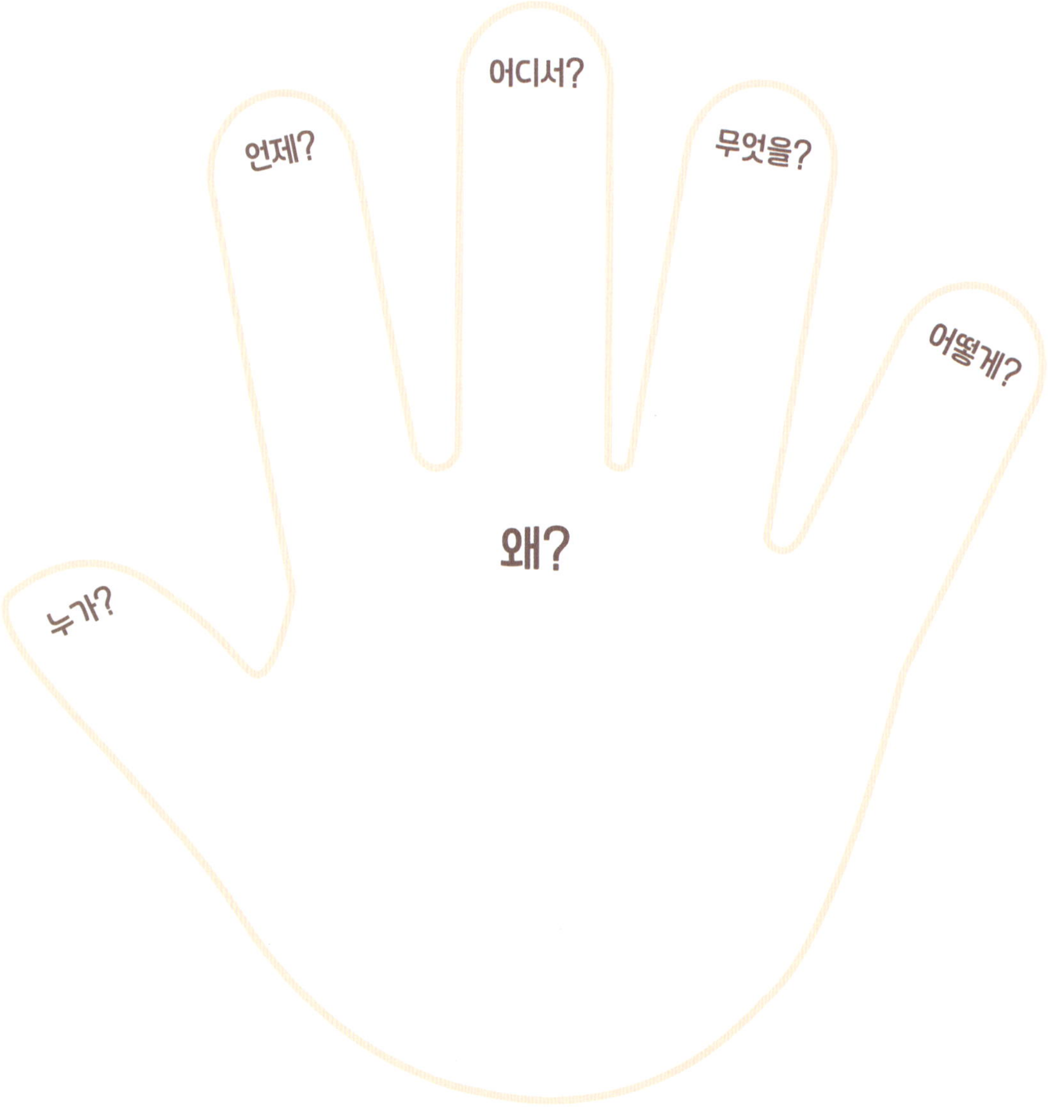

어디서?

언제?

무엇을?

어떻게?

왜?

누가?

4단계 **나도 신문 기자**

아리와 함께 후루룩 신문 일기 쓰기

**우리 이제 신문 일기를 써 볼까?
'내 손안의 신문'에 적은 내용을 활용해도 좋아.**

제목:

월   일   요일

 **일기 쓰기를 도와주는 아리의 질문**

- 기사를 읽기 전, 전쟁으로 폐허가 된 사진을 처음 봤을 때 어떤 기분이 들었어?
- 기사에서 본 이스라엘과 팔레스타인 하마스의 전쟁은 어떤 과정으로 진행되었어?
- 기사를 읽은 후, 새롭게 알게 된 점이 있어?

3주차
DAY 5. 마음 돌봄

월   일

친구의 부탁, 항상 들어줘야 할까요?

ⓒ getty images bank

신아리의 오늘의 단어

협동하다

: 사람들이 서로 마음과 힘을 하나로 합치는 것이에요.

예) 다 같이 협동해서 반 청소를 했더니 금방 끝났어요.

"친구가 실망할까 봐 같이 하기 싫어도 꾹 참고 그냥 했어요."

초등학교 1학년 소윤이는 술래잡기보다 그림 그리기를 더 좋아하는 아이예요. 하지만 소윤이의 단짝 친구 재인이는 쉬는 시간마다 술래잡기를 같이 하자고 다가오지요. 소윤이는 재인이와 함께 노는 것이 좋아서, 그리던 그림을 서랍에 넣어 두고 술래잡기를 하곤 했답니다.

감기 기운이 있던 날, 소윤이는 힘이 없어서 술래잡기를 하고 싶지 않았어요.

"오늘은 술래잡기 안 하고 싶어."

소윤이가 말하자 재인이는 기분 나쁘다는 듯 휙 돌아서 가 버렸어요. 소윤이는 재인이의 기분을 풀어 주려고 쫓아갔어요. 그리고 결국 같이 술래잡기를 했지요.

그 후로 소윤이는 재인이가 술래잡기를 하자고 말할 때마다 가슴이 답답해졌어요.

여러분, 친구의 마음을 생각하고 배려하는 것은 아주 멋진 일이에요. 사람이 가진 특별한 능력 중 하나랍니다. 심지어 친구를 돕고 협동할 때마다 우리 몸에서는 행복 호르몬이 나와서 기분을 좋게 해 주기도 해요.

하지만 친구의 마음만 생각하느라 내 마음을 돌보지 않으면 큰 문제가 생겨요. 몸과 마음이 힘들어지고, 가장 중요한 나 자신을 잃어버리게 되거든요. 나의 몸과 마음이 건강해야 친구도 도울 수 있어요.

친구의 부탁에 무조건 "그래."라고 대답하기 전에 나에게 먼저 물어보세요. 그 부탁을 들어줄 수 있는 상황인지, 정말 들어주고 싶은 건지, 거절하지 못해서 억지로 "그래."라고 대답하는 것은 아닌지 말이에요.

2단계 **자세히 신문 읽기**

나는야 세상 이야기를 들으면 신이 나는 신문 병아리 신아리

지금 너의 마음은 어때? 아리랑 마음 공부 해 보자.

답답하다

: 마음대로 되지 않아서 애가 타고 갑갑하다.

친구의 부탁을 들어주고 싶지 않은데 억지로 들어주니 마음이 답답해.

답답한 마음이 들었던 순간을 떠올려 봐.

동생에게 아무리 설명해 줘도 잘 못 알아들을 때

87

3단계 놀면서 생각 쓰기

 **아리아리 신아리랑 마음 탐구 시작! 그래서 내 마음은…**
원인과 결과를 생각하며 주인공의 마음을 헤아려 보자.

'그래서 내 마음은…'이란?

기사 속 주인공에게 일어난 일을 살펴보고,
그 일로 인해 어떤 마음이 생겼는지 생각해 보는 거야.

소윤이에게 일어난 중요한 사건

소윤이의 마음

4단계 **나도 신문 기자**

 **아리와 함께 후루룩 신문 일기 쓰기**

우리 이제 신문 일기를 써 볼까?
아리의 질문에 대한 답을 적어도 좋아.

제목:

월   일   요일

 일기 쓰기를 도와주는 아리의 질문

- 너는 친구의 부탁을 잘 들어주는 편이야?
- 친구의 부탁을 듣고 소윤이는 왜 답답한 기분을 느꼈을까?
- 네가 만약 소윤이라면 어떻게 행동했을 것 같아?

1단계 신나는 신문 읽기

3주차
DAY 6. 과학

월   일

쌍둥이처럼 닮은 해달과 수달

ⓒ getty images bank

안녕?
나는 귀염둥이 ○○이야.
해달일까, 수달일까?
한번 맞혀 봐!

신아리의
오늘의 단어

야행성

: 낮에는 쉬고 밤에 활동하는 동물의 습성을 뜻해요.

예 내 동생은 야행성 동물처럼 밤이 되면 오히려 눈이 말똥말똥해진다.

'멸종'도 찾아봐야지.

    귀여운 외모와 사랑스러운 행동으로 어린이들뿐만 아니라 어른들에게도 인기가 많은 해달과 수달! 생김새가 비슷해서 쌍둥이처럼 보이지만, 해달과 수달은 알고 보면 차이점이 많답니다.
    바다에서 몸에 미역을 감고, 배영 자세로 둥둥 떠다니는 동물은 해달일까요, 수달일까요?
    정답은 해달이에요. 해달은 강이나 호수가 아닌 바다에서 산답니다. 배가 하늘을 향한 자세로 바다 위를 떠다니는데, 몸이 떠내려가지 않도록 해초를 몸에 돌돌 휘감고 잠을 자지요. 해달은 가슴 위에 조개를 올려놓고 돌을 이용해 깨트려 먹는 귀여운 모습으로 사람들에게 많은 사랑을 받고 있어요.
    반면 수달은 주로 강이나 호수 등 물가에서 살아요. 배영 자세로 자주 휴식을 취하는 해달과는 달리 날쌘 자유형으로 먹잇감을 사냥하지요. 물고기뿐만 아니라 게, 개구리, 물새까지 수달의 먹잇감이에요.
    해달과 수달은 멸종 위기 동물이기 때문에 쉽게 볼 수 없어요. 하지만 최근 자연환경 보호를 위한 여러 가지 노력 끝에 우리나라 한강에서 수달을 종종 볼 수 있게 되었답니다. 수달은 야행성 동물이기 때문에 주로 밤에 만날 수 있어요.

 해달과 수달! 아리가 너희를 최강 귀요미로 인정할게.

해달과 수달을 구분할 수 있게 되었나요?
누가 해달이고 수달인지 맞혀 보아요.

2단계 **자세히 신문 읽기**

나는야 세상 이야기를 들으면 신이 나는 신문 병아리 신아리

이제 해달과 수달을 구분할 수 있지? 표를 완성해 보자.

	해달	수달
사는 곳	바다	
먹이	_____, 성게, 전복 등	물고기, 게, 개구리, 물새 등
수영 방법		
공통점	

········ 정답 189쪽

아리는 궁금한 게 너무 많아

해달과 수달처럼 서로 닮은 것들을 찾아 봐.

우리 아빠 얼굴과 내 얼굴
두꺼비와 개구리

최강 귀요미 등장!
해달과 수달만큼 닮은 게 뭐가 있을까?

3단계 놀면서 생각 쓰기

 **아리아리 신아리랑 또박또박 말해 보자 내 친구를 소개합니다**
해달과 수달에 대해 알게 된 점을 떠올려 봐.

---- '내 친구를 소개합니다'란? ----
기사 속 주인공의 친구가 되어 주인공을 소개하는 거예요.

- 내 친구 **해달**을 소개합니다!

해달의 특징은

해달과 저의 비슷한 점은

해달의 좋은 점은

- 내 친구 **수달**을 소개합니다!

수달의 특징은

수달과 저의 비슷한 점은

수달의 좋은 점은

4단계 **나도 신문 기자**

아리와 함께 후루룩 신문 일기 쓰기

우리 이제 신문 일기를 써 볼까?
'내 친구를 소개합니다'에 적은 내용을 활용해도 좋아.

제목:

월　　일　　요일

일기 쓰기를 도와주는 아리의 질문

- 기사를 읽기 전, 해달과 수달에 대해 들어 본 적 있어?
- 해달과 수달의 특징 중 가장 기억에 남는 것이 있다면 뭐야?
- 기사를 읽은 후, 새롭게 알게 된 점이나 궁금한 점이 있어?

1단계 신나는 신문 읽기

3주차
DAY 7. 사회

월   일

밤마다 깨끗해지는 창고!
청소 요정의 정체는?

신아리의 오늘의 단어

화제

: 이야깃거리 또는 이야기의 제목을 뜻해요.

예) 멋진 우리 오빠는 어디를 가든 화제의 주인공이다.

주인이 어질러 둔 물건을 매일 밤 말끔히 정리하는 동물이 발견되어 화제를 모으고 있어요. 과연 어떤 동물일까요?

바로 생쥐예요. 영국에 사는 홀브룩 씨는 자기 집 마당 창고에서 밤사이 물건들이 정리되고 있다는 사실을 알아차렸어요. 어떻게 된 일인지 알고 싶었던 홀브룩 씨가 창고에 카메라를 설치했는데, 그 안에는 놀라운 장면이 담겨 있었답니다. 작은 쥐 한 마리가 선반 위에 있는 물건들을 정리하는 모습이었지요. 빨래집게, 드라이버, 나사 등을 입에 물고 자기 몸뚱이보다 큰 상자에 들락날락하는 생쥐의 모습이 여러 차례 촬영되었어요.

생쥐의 창고 정리가 두 달간 이어지자, 홀브룩 씨는 이제 더 이상 창고 정리를 하지 않는다고 해요. 사용한 물건을 그대로 두면 100번 중 99번은 생쥐가 알아서 정리하기 때문이에요.

쥐와 같은 설치류 동물들은 물건을 수집하고 탐구하는 것을 즐긴다고 알려져 있어요. 일부 전문가들은 홀브룩 씨의 창고에서 발견된 생쥐의 신기한 행동 역시 어쩌면 생쥐의 취미 활동일 수도 있다고 말했어요.

생쥐가 또 어떤 일을 해 주면 좋을지 말해 봐.

생쥐가 얼마나 정리를 잘하는지 궁금하다면 영상을 통해 확인해 보아요.

2단계 **자세히 신문 읽기**

나는야 세상 이야기를 들으면 신이 나는 신문 병아리 신아리

즐거운 OX 퀴즈 시간! 기사를 잘 읽었다면 맞힐 수 있을 거야.

1. 고양이가 매일 밤 홀브룩 씨의 창고를 치워 주었어요.

2. 홀브룩 씨는 카메라를 설치해 자신의 창고를 정리해 주는 동물이 있다는 사실을 알게 되었어요.

3. 이 동물의 창고 정리는 2주 만에 끝났어요.

아리가 가장 좋아하는 가로세로 낱말 퍼즐

단어에 대한 설명을 읽고, 알맞은 단어를 적어 봐.

① ② ④ ⑤ ⑥

③

[가로 퍼즐]

① 물건을 보관하는 건물이에요. 어떤 동물이 홀브룩 씨의 집 마당에 있는 이곳을 매일 밤 청소해 주었어요.

③ 홀브룩 씨는 밤사이 일어나는 일을 알기 위해 ① 장소에 무엇을 설치했나요?

④ 초등학교에 다니는 학생인 우리들을 부르는 말은 무엇일까요?

[세로 퍼즐]

② 나는 누구일까요?

⑤ 바닷가나 섬 등에서 탑 모양으로 높이 세워 밤에 다니는 배들을 위해 불을 비춰 주는 시설은 무엇일까요?

⑥ 홀브룩 씨네 ① 장소를 정리해 준 동물은 누구였나요?

정답 189쪽

3단계 놀면서 생각 쓰기

아리아리 신아리랑 꼬리에 꼬리를 무는 신문 내용 정리 시간 꼬꼬신

신문 기사에서 중요한 내용을 떠올려 봐.

'꼬꼬신'이란?

꼬리에 꼬리를 무는 신문, 꼬꼬신!
신문 기사의 내용을 차례대로 정리해 보는 거야.

붉은색 부분만 바꿔서 써 봐.
멋진 문장을 만들 수 있어.

영국의 어느 마을 창고에서
이런 일이 벌어졌어요.

_____

_____

창고 주인이 설치한 카메라에
이런 장면이 찍혀 있었어요.

_____

_____

쥐와 같은 설치류 동물들은
이런 특징이 있어요.

_____

_____

4단계 **나도 신문 기자**

아리와 함께 후루룩 신문 일기 쓰기

우리 이제 신문 일기를 써 볼까?
'꼬꼬신'에 적은 내용을 활용해도 좋아.

제목:

월   일   요일

 **일기 쓰기를 도와주는 아리의 질문**

- 네가 만약 홀브룩 씨였다면 어떻게 행동했을까?
- 기사를 읽은 후, 생쥐에 대해 새롭게 알게 된 점이나 궁금한 점이 있어?
- 내 방을 청소해 주는 생쥐가 있다면 어떤 기분이 들까?

4주차
DAY 1. 동기 부여

월   일

나만의 보물 지도
떠나자, 보물섬으로!

ⓒ getty images bank

신아리의
오늘의 단어

천체

: 지구, 태양, 인공위성 등 우주에 있는 모든 물체를 뜻해요.

예) 오늘 천체 관측소에서 망원경으로 토성의 고리를 관찰했다.

상상해 보세요. 우연히 발견한 상자를 열었더니 그 안에 오래된 보물 지도가 들어 있는 상상 말이에요. 따라가기만 하면 보물을 얻을 수 있는 환상적인 보물 지도. 그 지도를 손에 쥐었을 때 어떤 기분이 들까요? 아마 기뻐서 폴짝폴짝 뛰며 소리를 지를 거예요.

"이런 행운이 나에게 찾아오다니!"

놀라운 사실을 하나 알려 줄게요. 우리는 모두 그 보물 지도를 발견할 수 있어요. 정말이에요. 내 마음을 잘 들여다보고, 하얀 종이 위에 내가 갖고 싶은 보물들을 자세히 표현한다면 나만의 환상적인 보물 지도가 생기는 거예요.

'10살 생일에 손흥민 선수를 만나서 사인 받기.'
'초코 쿠키 굽는 방법을 배워서 내가 좋아하는 친구들에게 선물 주기.'
'그림 그리기 대회에서 대상 받기.'
'천체 망원경으로 토성 관찰하기.'
'인도네시아에 가서 난초사마귀 채집하기.' 등등. 여러분의 마음속에 있는 작은 꿈 하나하나가 모두 자기만의 소중한 보물이랍니다. 보물 지도를 만들어 책상에 붙여 보세요. 매일 보물 지도를 보는 것만으로도 꿈에 가까이 다가가게 될 거예요.

가족이나 친구와 서로 꿈을 이야기해 보아도 좋아.

2단계 자세히 신문 읽기

아리는 하고 싶은 게 너무 많아

**보물 지도를 만들어 봐. 여기에 충분히 연습하고,
큰 종이에 '나만의 보물 지도'를 만들어 보는 거야.**

아프리카에 있는
세렝게티 국립 공원에 가서
새로운 동물 친구들 만나기

그림으로 그려도 좋고, 사진을 붙여도 좋아.
보물을 떠올리고, 글로 표현해도 괜찮아!

3단계 놀면서 생각 쓰기

아리아리 신아리랑 신나게 놀아 보자 끝없이 이어지는 버블버블 생각 주머니
기사를 읽은 후 머릿속에 떠오르는 생각은 무엇이든 좋아!

'버블버블 생각 주머니'란?

한 가지 주제에 관해 떠오르는 생각을 모두 다 적어 보는 거야.

신아리의 버블버블 생각 주머니

꿈 피아니스트가 되고 싶어
노력할 거야 노래
우주여행
캥거루 만나기 **보물 지도** 아이돌이 되고 싶어
행운 줄넘기 상 받기
놀이동산 가기 꿈이 많아 춤

............의 버블버블 생각 주머니

TIP! 버블버블 생각 주머니 적는 꿀팁! '이런 것도 적어도 되는 걸까?'라는 생각은 절대 하지 않기! 무엇이든 다 좋아! 마음껏 적어 봐.

4단계 **나도 신문 기자**

아리와 함께 후루룩 신문 일기 쓰기

**우리 이제 신문 일기를 써 볼까?
'버블버블 생각 주머니'에 적은 내용을 활용해도 좋아.**

제목:

월   일   요일

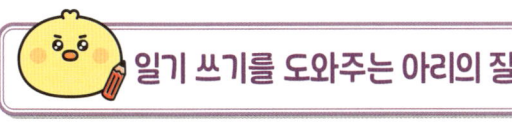

일기 쓰기를 도와주는 아리의 질문   이 질문에 대한 답을 연결해서 일기로 적어 보아도 좋아.

- '보물 지도'라는 말을 들었을 때 무엇이 떠올랐어?
- '나만의 보물 지도'에 있는 보물 중 가장 중요한 건 뭐야?
- 꿈이 이루어졌을 때, 어떤 표정을 짓고 어떤 말을 하고 있을까?

101

1단계 신나는 신문 읽기

4주차
DAY 2. 역사

월   일

엄마와 아들의 대결
떡 썰기 VS 글씨 쓰기

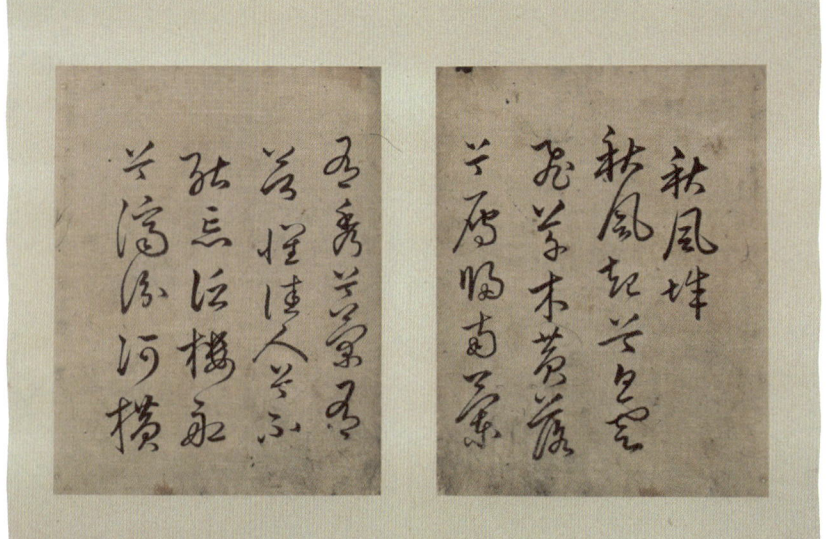

<한호필적-한석봉증유여장서첩> ⓒ한국민족문화대백과사전

신아리의 오늘의 단어

매진하다

: 어떤 일을 최선을 다하여 해 나가는 것을 뜻해요.

예) 나는 꿈을 이루기 위해 오늘부터 공부에 **매진하기**로 결심했다.

    멋진 글씨체 덕분에 우리나라뿐만 아니라 저 멀리 중국에까지 이름을 떨쳤던 역사 속 인물이 있어요. 바로 '한석봉'이지요.

    한석봉은 가난한 양반집 아들로 태어났어요. 어렸을 적부터 글씨 쓰기를 좋아했지만, 먹과 종이를 살 돈이 없어 돌 위에 글씨 연습을 하곤 했지요.

    한석봉의 어머니는 가난한 집안 형편에도 불구하고 떡을 팔아 한석봉의 뒷바라지를 열심히 했어요. 그 덕분에 한석봉은 집을 떠나 훌륭한 스승 밑에서 공부할 수 있게 되었지요. 하지만 한석봉은 홀로 계신 어머니가 걱정되어 몰래 집으로 돌아왔어요.

    "왜 돌아왔느냐?"

    어머니의 물음에 한석봉이 대답했어요.

    "공부를 많이 해서 더 이상 스승님께 배울 것이 없습니다."

    "그렇다면 불을 끄고 나는 떡을 썰 테니, 너는 글씨를 써서 솜씨를 비교해 보자꾸나."

    깜깜한 방에서 어머니와 한석봉의 대결이 벌어졌어요. 잠시 후 다시 불을 켠 한석봉은 깜짝 놀라고 말았어요. 어머니가 썬 떡은 크기나 두께가 모두 일정한데, 한석봉의 글씨는 크기가 제각각이고 모양도 삐뚤빼뚤했기 때문이에요.

    어머니께 큰 가르침을 얻은 한석봉은 스승이 있는 곳으로 다시 돌아가 공부에 **매진했답니다**.

2단계 **자세히 신문 읽기**

아리는 재밌는 걸 좋아해
지금부터 한석봉이 되어 보는 거야. 눈을 감고 글씨를 써 보자.

"안녕? 내 이름은 ○○○(이)야."

이 문장에 이름을 넣어 써 봐.

나는야 세상 이야기를 들으면 신이 나는 신문 병아리 신아리
오늘 알게 된 '매진하다'라는 단어를 사용해서 문장을 만들어 봐.

아리는 오늘부터 그림 그리기에 매진해서
꼭 동생 병아리들을 위한 그림책을 만들 거야.

3단계 **놀면서 생각 쓰기**

 아리아리 신아리랑 솔직하게 이야기해 보자 속마음 인터뷰
한석봉 어머니의 마음을 상상해서 인터뷰해 보자.

'속마음 인터뷰'란?
인터뷰 대상이 되었다고 상상하고 속마음을 솔직하게 말해 보는 거야.

 한석봉 님에 대해 자랑 한마디 부탁드려요.

 아들과의 대결에서 승리하셨는데요, 불을 끄고 떡을 썰 때 어떤 기분이었나요?

 『초등 첫 문해력 신문』을 읽고 있는 어린이들에게 응원의 한마디 해 주세요.

4단계 **나도 신문 기자**

아리와 함께 후루룩 신문 일기 쓰기

우리 이제 신문 일기를 써 볼까?
아리의 질문에 대한 답을 적어도 좋아.

제목:

　　　　　　　　　　　　　　월　　일　　요일

 **일기 쓰기를 도와주는 아리의 질문**

✏ 기사를 읽기 전, 기사 제목과 사진을 봤을 때 어떤 생각을 했어?

✏ 한석봉과 한석봉의 어머니에게 본받을 점은 무엇일까?

✏ 한석봉의 어머니처럼 눈을 감고도 잘할 수 있는 일이 있어?

105

황금이 번쩍번쩍, 하지만…

© getty images bank

신아리의 오늘의 단어

통곡

: 소리 높여 슬프게 우는 것을 뜻해요.

예) 할머니는 친구가 많이 아프다는 소식을 듣고 **통곡**하며 가슴을 쳤어요.

먼 옛날 어느 왕국에 미다스라는 왕이 살았어요. 어느 날 미다스의 도움을 받은 신이 미다스에게 말했어요.

"미다스, 너의 소원을 말해 보아라."

미다스는 고민 끝에 말했지요.

"제 손이 닿는 것은 무엇이든 황금으로 변하게 해 주십시오!"

신은 미다스가 더 좋은 소원을 말하지 않은 것이 안타까웠지만, 소원을 들어주기로 했어요.

미다스는 기뻐하며 정말 소원이 이루어졌는지 확인하기 위해 초록 나뭇잎을 만져 보았어요. 세상에! 나뭇잎은 정말로 번쩍거리는 황금으로 변했지요. 미다스가 돌을 만져도, 사과를 만져도, 모두 황금으로 변했어요. 미다스는 눈에 보이는 것이라면 무엇이든 손을 갖다 대었어요.

"이제 슬슬 배가 고프군."

그런데 미다스가 빵을 집는 순간, 빵이 황금으로 변해 먹을 수 없게 되었어요. 빵뿐만 아니라 미다스가 만지는 모든 음식이 황금으로 변했지요. 아무것도 먹을 수 없게 된 미다스는 딸을 끌어안고 **통곡**했어요. 하지만 딸은 미다스를 위로해 줄 수 없었어요. 딸도 황금으로 변해 버렸거든요.

미다스는 자신의 어리석은 소원을 후회하며 신께 빌었어요.

"소원을 취소하고 싶습니다. 제발 부탁을 들어주세요."

"그럼 저 강물에 몸을 씻거라."

미다스는 강물에 뛰어들었고, 무엇이든 황금으로 변하게 만드는 능력도 강물을 따라 씻겨 내려갔어요. 그제야 황금으로 변했던 것이 모두 원래 모습으로 돌아왔고, 미다스도 편안한 미소를 지을 수 있었답니다.

2단계 **자세히 신문 읽기**

나는야 세상 이야기를 들으면 신이 나는 신문 병아리 신아리

신나는 선 잇기 시간! 질문에 알맞은 답에 선을 이어 봐.

미다스 왕이 만지는 것은 모두 무엇으로 변했나요?

강물

바다

미다스 왕이 어디에 뛰어들자 황금으로 만드는 능력이 씻겨 내려갔나요?

황금

······ 정답 189쪽

아리는 하고 싶은 말이 너무 많아

이야기를 읽은 후 미다스 왕에 대한 너의 생각을 말해 줘.

미다스 왕은 이미 가진 것도 많았을 텐데 왜 그런 소원을 빌었는지 이해가 안 돼.

황금을 더 갖고 싶어 하는 건 이해할 수 있어. 나도 장난감을 정말 많이 갖고 있지만, 더 갖고 싶거든.

신이 소원을 들어주는 건 흔한 기회가 아닌데, 그 기회를 이렇게 쓰다니 안타까워.

3단계 놀면서 생각 쓰기

아리아리 신아리랑 신나게 놀아 보자 끝없이 이어지는 보태보태 놀이

에헴, 기사보다 멋진 문장을 만들어 볼까?

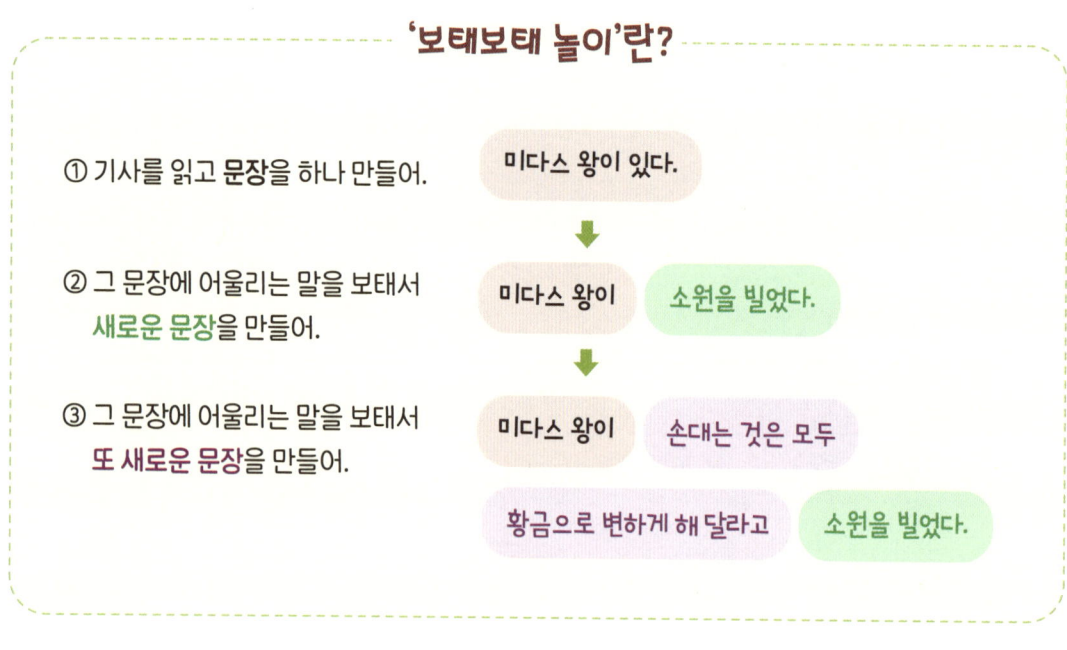

'보태보태 놀이'란?

① 기사를 읽고 **문장**을 하나 만들어.

미다스 왕이 있다.

② 그 문장에 어울리는 말을 보태서 **새로운 문장**을 만들어.

미다스 왕이 소원을 빌었다.

③ 그 문장에 어울리는 말을 보태서 **또 새로운 문장**을 만들어.

미다스 왕이 손대는 것은 모두 황금으로 변하게 해 달라고 소원을 빌었다.

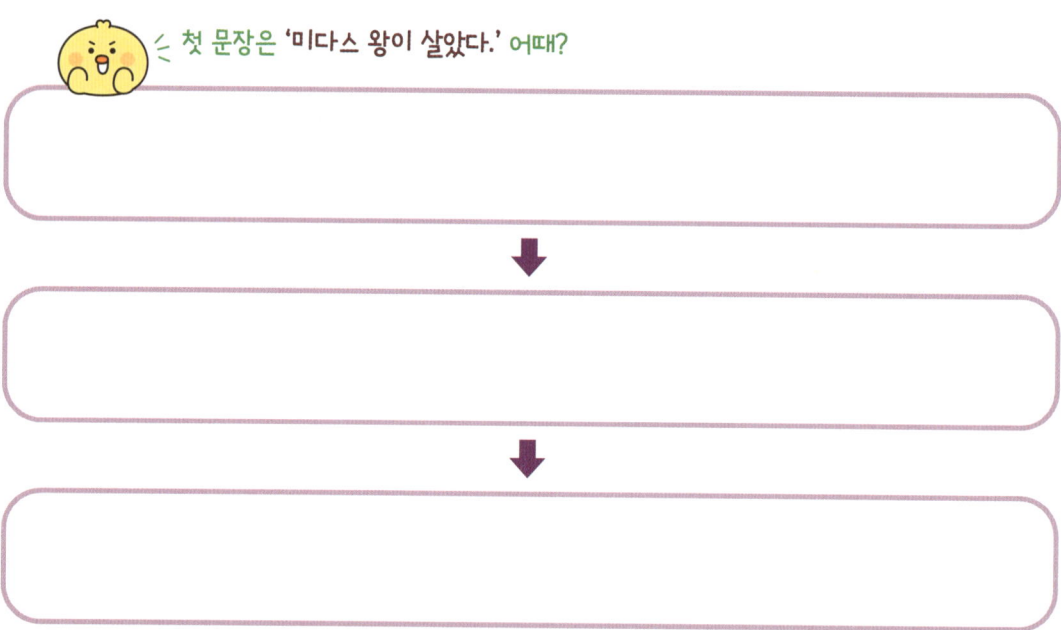

첫 문장은 '미다스 왕이 살았다.' 어때?

TIP! 보태보태 놀이 재미있게 하는 꿀팁! 가족 중 한 명과 대결해 봐! 과연 누가 먼저 지칠 것인가?

4단계 **나도 신문 기자**

 `아리와 함께 후루룩 신문 일기 쓰기`
우리 이제 신문 일기를 써 볼까?
'보태보태 놀이'에 적은 내용을 활용해도 좋아.

제목:

　　　　　　　　　　　　　월　　　일　　　요일

 **일기 쓰기를 도와주는 아리의 질문**

- 기사를 읽기 전, 황금이 가득한 사진만 봤을 때 어떤 느낌이었어?
- 미다스 왕처럼 만지는 것이 모두 황금으로 변한다면 어떨 것 같아?
- 네가 만약 미다스 왕이라면 어떤 소원을 빌까?

4주차
DAY 4. 사회

월   일

초스피드 장난감 자동차를 타고
쌩쌩 달려라!

ⓒ getty images Korea

신아리의 오늘의 단어

개조

: 원래 있던 것을 고쳐서 새롭게 만들거나 바꾸는 것을 뜻해요.

예) 내 동생은 비눗방울이 들어 있던 막대를 **개조**하여 반짝이는 요술봉으로 만들었어요.

여러분, 장난감을 갖고 놀면서 재미있는 상상을 해 본 적 있나요? 방 한구석에 있는 작은 장난감 자동차를 타고 뻥 뚫린 길을 쌩쌩 달린다면 어떤 기분이 들까요?

엉뚱하고 말도 안 되는 상상 같지만, 이 상상을 실현한 어른이 있어요. 바로 독일의 대학생인 마르셀 파울 씨예요.

파울 씨는 10개월 동안의 연구 끝에 장난감 자동차를 초고속 전기 자동차로 **개조**했어요. 플라스틱 장난감 자동차에 전기 엔진을 달고 타이어를 교체해서 만들었지요.

꼬마들이 타고 노는 장난감 자동차가 어른을 태우고 쌩쌩 달리는 진짜 자동차가 된 거예요.

이 전기 자동차는 시속 약 148km라는 어마어마한 속도로 달려 세계 신기록을 달성했어요. 그 장면을 지켜보던 파울 씨의 어머니는 흐뭇함을 감추지 못했지요.

세계 신기록을 달성한 파울 씨는 활짝 웃으며 말했어요.

"기분이 너무 좋습니다! 말로 표현할 수 없을 정도예요."

파울 씨의 장난감 전기 자동차는 '사람이 탈 수 있는 가장 빠른 장난감 자동차'로 기네스북에 오르기도 했답니다.

파울 씨가 장난감 전기 자동차를 타고 달리는 모습을 영상으로 만나 보아요.

2단계 자세히 신문 읽기

나는야 세상 이야기를 들으면 신이 나는 신문 병아리 신아리

**기사에 구멍이 뽕뽕 뚫렸어.
빈칸에 알맞은 낱말을 써 기사를 완성해 줘.**

• 파울 씨는 장난감 자동차를 개조해 시속 약 148km로 달려 ㅅ[ ] ㅅ[ ][ ]을 달성했어요.

• 파울 씨의 장난감 전기 자동차는 '사람이 탈 수 있는 가장 빠른 장난감 자동차'로 ㄱ[ ][ ][ ]에 올랐어요.

······· 정답 189쪽

아리는 궁금한 게 너무 많아

장난감을 개조하여 만들고 싶은 물건이 있다면 적어 봐.

그림으로 그려도 좋고, 글로 적어도 좋아.

3단계 놀면서 생각 쓰기

아리아리 신아리랑 마음껏 상상해 보자 만약에 이야기

기사의 내용 중 일부를 바꾸어 새로운 이야기를 써 보자.

'만약에 이야기'란?

기사 속 주인공의 성격을 바꾸거나, 주변 상황을 바꾸어 새로운 이야기를 써 보는 거야.

만약 파울 씨가 실패 후 쉽게 포기하는 사람이었다면?

만약 파울 씨의 어머니가 파울 씨의 행동을 못마땅하게 여겼다면?

4단계 **나도 신문 기자**

아리와 함께 후루룩 신문 일기 쓰기

우리 이제 신문 일기를 써 볼까?
'만약에 이야기'에 적은 내용을 활용해도 좋아.

제목:

월   일   요일

 **일기 쓰기를 도와주는 아리의 질문**

✏ 기사를 읽기 전, 기사 제목과 사진을 봤을 때 어떤 생각을 했어?

✏ 파울 씨에게 본받을 점이 있다면 무엇일까?

✏ 파울 씨처럼 세계 신기록에 도전하고 싶은 일이 있어?

1단계 신나는 신문 읽기

4주차
DAY 5. 사회

월   일

비결이 뭐예요?
지구에서 가장 나이 많은 할머니

 신아리의
오늘의 단어

장수

: 오래도록 사는 것을 뜻하는 말이에요.

예) 장수하고 싶으니 매일 열심히 운동을 해야겠다.

지금 지구에서 가장 나이가 많은 사람은 누구일까요? 바로 스페인에 사는 모레라 할머니예요.

모레라 할머니는 얼마 전 117살 생일을 맞아 이렇게 전했어요.

"좋은 아침! 오늘 나는 117살이 되었어요."

할머니는 117살이라는 많은 나이에도 불구하고 신체 기능에 큰 이상이 없답니다. 나이가 들면서 자유롭게 이동할 수 없게 되었지만, 그것을 제외하면 건강을 잘 유지하고 있어요. 4살 때의 일을 선명하게 기억할 정도로 정신도 또렷하지요.

모레라 할머니의 특별한 건강 상태는 많은 과학자들의 관심을 끌고 있어요. 할머니의 유전자를 연구하면 인간 장수의 비밀을 풀 수 있을 거라고 기대하기 때문이에요.

할머니는 105살까지 매일 아침 피아노를 치고, 신문도 읽으며 지냈다고 해요.

모레라 할머니가 밝힌 장수 비결은 '스트레스를 없애는 것'이었어요. 편안한 마음으로 생활하기, 나쁜 생각 대신 좋은 생각 하기, 가족·친구들과 잘 지내기, 그리고 무엇보다 해로운 사람과 거리 두기가 중요하다고 말했답니다.

 할머니의 장수 비결 중 실천하고 싶은 것을 말해 봐.

모레라 할머니의 모습을 영상을 통해 만나 보아요.

2단계 **자세히 신문 읽기**

나는야 세상 이야기를 들으면 신이 나는 신문 병아리 신아리

100살이 된 너의 모습을 떠올려 봐.

생김새는 어떨지, 무엇을 하고 있을지,
누구와 함께 있을지, 어떤 생각을 하고 있을지,
자유롭게 상상해 봐.

헤헤 못 맞힐걸?

설명을 읽고 어떤 낱말인지 맞혀 봐.

힌트! 기사에 있는 낱말이야.

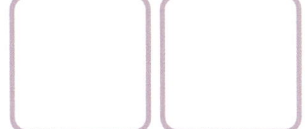

우리가 살고 있는
행성

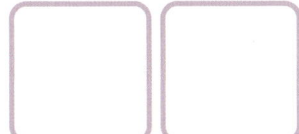

오래 사는 것을
뜻하는 말

모레라 할머니가
105살까지
매일 아침 읽은 것

정답 189쪽

3단계 **놀면서 생각 쓰기**

아리아리 신아리랑 마음껏 말해 보자 거침없이 야호

모레라 할머니가 어린이들을 만나면 무슨 말을 할까?

'거침없이 야호'란?

기사 속 주인공이 되어 하고 싶은 말을 거침없이 들려주는 거야.
문장을 시작할 때는 '하고 싶은 말이 있어.'로 시작하기!

어린이들 안녕?
내 소개를 할게. 나는 지구에서
가장 나이 많은 할머니란다.
모레라 할머니라고 부르렴.

사실은 말이야,
이 모레라 할머니가 너희에게 꼭
하고 싶은 말이 있어.

하고 싶은 말이 있어.

하고 싶은 말이 있어.

4단계 나도 신문 기자

 **아리와 함께 후루룩 신문 일기 쓰기**
우리 이제 신문 일기를 써 볼까?
'거침없이 야호'에 적은 내용을 활용해도 좋아.

제목:

월   일   요일

 **일기 쓰기를 도와주는 아리의 질문**

- 기사를 읽기 전, 기사 제목과 사진을 봤을 때 어떤 생각을 했어?
- 네가 만약 모레라 할머니라면, 매일 무엇을 하며 하루를 보낼 것 같아?
- 모레라 할머니를 만나면 어떤 이야기를 나누고 싶어?

1단계 신나는 신문 읽기

4주차
DAY 6. 사회

월   일

길 잃은 꿀벌
"으앙! 방향을 알 수가 없어."

어디로 가야 꿀을 찾을 수 있나요?

ⓒ getty images bank

신아리의
오늘의 단어

생태계

: 서로 영향을 주고받는 생명체와 그 주변의 환경을 모두 묶어서 부르는 말이에요.

예 무시무시한 황소개구리가 연못에 등장하자 생태계가 파괴되었다.

    길을 잃은 꿀벌이 윙윙 날갯짓하며 돌아다니고 있어요. 꽃을 찾아가 맛있는 꿀을 가지고 와서 집으로 돌아가야 하는데, 왜 길을 잃어버린 걸까요?
    바로 미세 먼지 때문이에요. 공기 중에 미세 먼지가 많아질수록 꿀벌이 꽃을 찾기가 힘들어진다는 연구 결과가 발표되었어요. 미세 먼지 때문에 시야를 확보하기 어려워 방향 감각이 떨어지는 거예요. 꽃을 찾으러 나간 꿀벌이 꿀을 찾지 못하면 꿀벌 전체의 생존에 위협이 된답니다.
    이처럼 미세 먼지는 사람뿐만 아니라 생태계의 많은 생명체들에게 위협이 되고 있어요.
    미세 먼지란 눈에 보이지 않을 정도로 아주 작은 먼지를 말해요. 코와 입에서 걸러지지 않고 우리 몸 깊숙이 들어와 길게는 일주일이나 몸속에 남아 있지요. 이렇게 몸속에 머무는 동안 세포를 자극해 돌연변이 세포를 만들기도 하는데, 이러한 세포는 우리 몸을 병들게 할 수 있어요.
    미세 먼지는 생태계에 나쁜 영향을 끼치므로 우리는 미세 먼지가 발생하지 않도록 많은 노력을 기울여야 해요. '플라스틱과 비닐 사용 줄이기', '가까운 곳은 걸어 다니기' 등과 같은 작은 노력이 미세 먼지를 줄이고 파란 하늘을 볼 수 있게 한답니다.

미세 먼지로부터 우리 몸을 지키는 방법을
영상으로 확인해 보아요.

2단계 **자세히 신문 읽기**

나는야 세상 이야기를 들으면 신이 나는 신문 병아리 신아리

즐거운 OX 퀴즈 시간! 기사를 잘 읽었다면 맞힐 수 있을 거야.

1. 미세 먼지가 심해질수록 꿀벌은 길을 더 잘 찾아요.

2. 미세 먼지는 눈에 보이지 않을 정도로 아주 작은 먼지를 말해요.

3. 몸속에 들어온 미세 먼지는 길게는 일주일이나 남아 있어요.

······• 정답 189쪽

아리는 궁금한 게 너무 많아

네가 만약 꿀벌이라면, 사람들에게 어떤 부탁을 했을까?

제발 비닐과 플라스틱 사용을 줄여 줘.
모두 조금씩만 노력하면 미세 먼지가 훨씬 줄어들 거야.

3단계 놀면서 생각 쓰기

 **아리아리 신아리랑 색깔로 표현해 보자 무지개 쪽지**
길 잃은 꿀벌을 생각하며 떠오르는 색깔을 골라 봐.

'무지개 쪽지'란?

주제에 어울리는 색깔을 고르고, 왜 그 색깔을 골랐는지 적어 보는 거야.

아리는 길 잃은 꿀벌을 생각하면
검은색이 떠올라.
미세 먼지가 많아서 하늘도 어둡고,
집으로 돌아가지 못하는
꿀벌의 마음도 어두울 것 같거든.

너는 무슨 색이 떠오르니?

4단계 **나도 신문 기자**

아리와 함께 후루룩 신문 일기 쓰기

우리 이제 신문 일기를 써 볼까?
'무지개 쪽지'에 적은 내용을 활용해도 좋아.

제목:

월   일   요일

 일기 쓰기를 도와주는 아리의 질문

- 기사를 읽기 전, 꿀벌이 길을 잃은 이유가 무엇 때문이라고 생각했어?
- 꿀을 얻지 못하고 길을 잃은 꿀벌은 어떤 생각을 할까?
- 미세 먼지를 줄이기 위해 우리가 할 수 있는 일이 있을까?

팔팔 끓었다가 꽁꽁 얼었다가

ⓒ getty images bank

신아리의 오늘의 단어

영하

: 0도보다 낮은 온도를 뜻해요.

예) 오늘 날씨가 영하 10도라니, 내 몸이 꽁꽁 얼어 버릴지도 몰라.

"누나, 달에 진짜 토끼가 살고 있을까? 달에서 토끼가 떡방아를 찧고 있다는 이야기를 들었는데 사실인지 너무 궁금해."

"누나가 어젯밤에 보름달이 떴길래 유심히 관찰해 봤는데, 어렴풋이 토끼 모양이 보이더라고. 토끼가 살지도 않는데 토끼 모양이 보일 리 없잖아. 당연히 달에 토끼가 살고 있겠지."

"정말? 진짜 달에 토끼가 산다고?"

"푸하하. 역시 잘 속는다니까. 사실 토끼는 절대 달에서 살 수 없어."

여러분, 토끼가 달에서 살 수 없는 이유는 무엇일까요?

달에는 공기가 없기 때문이에요. 그래서 달은 아주 뜨거워지기도 하고, 아주 차가워지기도 해요.

낮 동안 달의 온도는 최고 127도 정도로, 물을 팔팔 끓일 수 있을 만큼 뜨거워져요. 반면 밤 동안에는 영하 173도 정도까지 떨어지는데 지구에서는 경험할 수 없을 만큼 매서운 추위지요. 우주복을 입지 않으면 토끼도, 사람도 달에서는 단 하루도 버티지 못해요.

하지만 우주 과학자들은 끊임없는 기술 개발과 달 탐사 활동을 통해 인간이 달에서도 살아갈 수 있는 가능성을 조금씩 높여 가고 있답니다.

 달과 관련된 책을 읽어 봐. 동화도, 과학책도 좋아!

영상을 통해 세계 우주 과학자들의 달 탐사 활동을 살펴보아요.

2단계 **자세히 신문 읽기**

아리는 하고 싶은 말이 많아
먼 훗날 달에 사람이 살게 된다면 어떤 모습일까?

어떤 상상이든 좋아.
마음껏 상상하고 글이나 그림으로 표현해 봐!

3단계 놀면서 생각 쓰기

아리아리 신아리랑 크게 외쳐 보자 마법사의 주문
어떻게 해야 달에서 생명체가 살 수 있을지 생각해 봐.

'마법사의 주문'이란?

어떤 문제가 있는지 적고,
그 문제를 해결할 수 있는 주문을 만들어 보는 거야.

달은 너무 뜨겁다 차갑다 해서 생명체가 살 수 없어.

달아 달아 밝은 달아,
우리가 살 수 있는
온도가 되어 줘!
삐리 빠삐 뾰로로 뽕!

생명체가
달에서 살 수 없는 이유는

생명체가
달에서 살 수 있게 만드는
마법사의 주문 시작!

4단계 **나도 신문 기자**

아리와 함께 후루룩 신문 일기 쓰기

우리 이제 신문 일기를 써 볼까?
'마법사의 주문'에 적은 내용을 활용해도 좋아.

제목:

월   일   요일

 **일기 쓰기를 도와주는 아리의 질문**

- 하늘 위에 떠 있는 달을 바라본 적 있어?
- 달 탐사 활동을 하는 우주 과학자들을 만난다면 무슨 얘기를 할 거야?
- 기사를 읽고 달에 대해 새롭게 알게 된 점이나 궁금한 점이 있어?

125

5주차
DAY 1. 과학

월   일

블롭피시
세상에서 제일 못생긴 물고기

나도 심해에선 안 못생겼어!

ⓒ World-Wide-Photography / Shutterstock

신아리의 오늘의 단어

수압

: 물이 누르는 힘을 뜻해요.

예) 산속이라 수압이 낮아서 물이 조금씩 나왔어요.

'수심'도 찾아봐야지.

커다랗고 넓적한 코, 축 처진 입꼬리, 마치 만화에서 꾸며 낸 캐릭터처럼 우스꽝스러운 모습을 한 물고기, 블롭피시는 '세상에서 제일 못생긴 물고기'로 알려져 있어요. 하지만 이것은 블롭피시에 관한 진실을 모르기 때문에 생겨난 이야기예요.

블롭피시는 수심 600~1,200m의 깊은 바다에서 살아요. 바다 깊숙한 곳으로 들어갈수록 수압이 높아서 보통의 물고기는 버티기 힘들지요. 하지만 블롭피시는 몸이 젤리같이 말랑말랑한 덩어리로 이루어져 있기 때문에, 얼마든지 수압을 견딜 수 있답니다.

사실 블롭피시는 심해에서 보면 평범한 물고기와 다를 바 없는 생김새지만, 물 위로 올라오면 수압이 유지되지 않기 때문에 몸이 옆으로 퍼져 흐물흐물하게 변하는 거예요.

호주 근처 심해에서 사는 블롭피시는 2003년에 처음 발견되었어요. 당시 그 생김새가 얼마나 충격적이었던지 독특한 외모 때문에 세계적으로 유명한 물고기가 되었지요.

못생겼다고 놀림받는 생김새지만 물 위로 올라왔을 때만 그런 모습이라는 사실! 블롭피시는 심해에서 잘 살아갈 수 있는 몸을 가진 특별한 물고기랍니다.

영상을 통해 블롭피시에 대해 더 알아보아요.

2단계 **자세히 신문 읽기**

나는야 세상 이야기를 들으면 신이 나는 신문 병아리 신아리

'세상에서 가장 못생긴 물고기'로 오해받은 블롭피시가 만약 말을 할 수 있다면 어떤 말을 할까?

블롭피시를 그리고, 어떤 말을 할지 써 봐!
나라면 못생겼다는 오해 때문에 억울할 것 같아.

3단계 놀면서 생각 쓰기

아리아리 신아리랑 신나게 놀아 보자 **키득키득 상상 공장**

엉뚱해도 좋아. 상상력을 뭉게뭉게 부풀려 봐.

'키득키득 상상 공장'이란?

현실에서는 일어날 수 없는 일을 마음껏 상상해서 글을 써 보는 거야.

어느 날 갑자기 내 얼굴이 블롭피시처럼 변해 버린다면?

블롭피시가 우리 집 문을 쾅쾅 두드리며 이렇게 말한다면?
"뭐? 내가 못생겼다고? 너도 날 놀렸지?"

블롭피시의 생일 파티에 초대받아 심해로 가야 한다면?

4단계 **나도 신문 기자**

 **아리와 함께 후루룩 신문 일기 쓰기**

우리 이제 신문 일기를 써 볼까?
'키득키득 상상 공장'에 적은 내용을 활용해도 좋아.

제목:

월   일   요일

 **일기 쓰기를 도와주는 아리의 질문**   이 질문에 대한 답을 연결해서
일기로 적어 보아도 좋아.

- 기사를 읽기 전, 사진으로 본 블롭피시의 첫인상은 어땠어?
- 블롭피시와 만나 대화할 수 있다면 어떤 말을 해 주고 싶니?
- 기사를 읽고 새롭게 알게 된 점이나 궁금한 점이 있어?

5주차
DAY 2. 사회

월   일

나는 무엇을 나눌 수 있을까?

ⓒ getty images bank

신아리의 오늘의 단어

중퇴

: 학생이 학교 교육 과정을 다 마치지 못하고 중간에 학교를 그만두는 것을 말해요.

예) 옛날에는 돈이 없어서 학교를 중퇴하는 아이들이 많았어요.

 50년 넘게 남한산성 길목에서 등산객들에게 김밥을 팔아 모은 전 재산을 아이들과 어려운 사람들을 위해 기부한 박춘자 할머니. '남한산성 김밥 할머니'로 불리던 박춘자 할머니가 얼마 전 세상을 떠났어요.
 돌아가시는 마지막 순간에도 남은 재산을 모두 어린이들을 위해 기부하고 가셨다는 소식이 전해지며 사람들에게 잔잔한 감동을 불러일으키고 있답니다.
 10살 무렵 학교를 중퇴한 박춘자 할머니는 돈이 없어서 공부를 그만두어야 하는 아이들을 돕기 위해 3억 원을 기부했어요. 이렇게 아이들과 어려운 사람들을 위해 총 6억 원 이상을 기부했지요.
 할머니는 김밥 장사를 그만둔 이후에도 지적 장애인 11명을 집으로 데려가 사랑과 정성으로 보살피며 선행을 이어 갔어요.
 박춘자 할머니는 살아생전 참석했던 청와대 기부·나눔 행사에서 이렇게 말했답니다.
 "나누는 것이 최고의 행복이었습니다."
 가진 것이 많은 사람만 나눔을 실천할 수 있는 것이 아니라, 누구든지 따뜻한 마음만 있다면 나누는 삶을 살아갈 수 있다는 것을 보여 준 박춘자 할머니. 할머니처럼 우리도 따뜻한 마음으로 주변을 둘러보며 사랑을 건네 보는 것은 어떨까?

박춘자 할머니의 따뜻한 이야기를 영상으로 만나 보아요.

2단계 **자세히 신문 읽기**

나는야 세상 이야기를 들으면 신이 나는 신문 병아리 신아리

내가 나눌 수 있는 것은 무엇이 있을지 생각해 보고 적어 봐.

꼭 물건이나 돈이 아니어도 괜찮아.
네가 가진 재능이나 능력을 나눌 수도 있지.

아리가 가장 좋아하는 끝말잇기 시간

기사에 나온 낱말의 마지막 글자를 시작으로 끝말잇기를 해 보자.

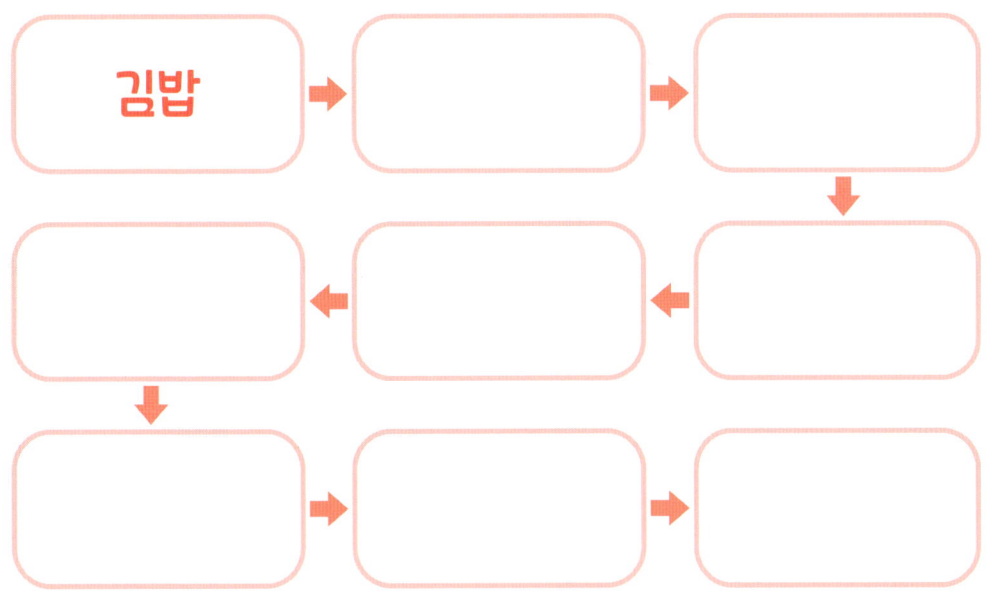

3단계 놀면서 생각 쓰기

아리아리 신아리랑 하나씩 탐구해 보자 인물 탐구 클럽

기사 속 인물에 대해 궁금한 점을 모두 떠올려 봐.

'인물 탐구 클럽'이란?

기사 속 인물에 대해 깊이 생각하고 탐구해 보는 거야.
할머니에게 하고 싶은 질문을 스스로 만들어 보아도 좋아.

박춘자 할머니는 어떤 할머니야? 한 문장으로 표현해 봐.

박춘자 할머니가 가장 중요하게 생각하신 것은 무엇일까?

박춘자 할머니께 새로운 별명을 지어 드린다면 어떤 별명이 좋을까?
그렇게 생각한 이유도 말해 줘.

4단계 **나도 신문 기자**

아리와 함께 **후루룩 신문 일기 쓰기**

**우리 이제 신문 일기를 써 볼까?
'인물 탐구 클럽'에 적은 내용을 활용해도 좋아.**

제목:

월   일   요일

 **일기 쓰기를 도와주는 아리의 질문**

- 너에게 소중한 것을 다른 사람에게 나누어 준 경험이 있어?
- 만약 박춘자 할머니를 실제로 만나면 어떤 말씀을 드리고 싶어?
- 기사를 읽은 후 어떤 생각을 했니?

5주차
DAY 3. 예술

월   일

행운의 신, 누구에게 갈까?

ⓒ getty images Korea

 신아리의
오늘의 어휘

학창 시절

: '학생 시절'과 같은 뜻을 가진 어휘예요. 학교를 다니며 공부를 하는 시기를 말해요.

예 우리 엄마는 학창 시절을 떠올리면 저절로 미소가 지어진다고 하셨어요.

평범한 일상을 살다가 어느 날 갑자기 세계적인 스타가 된 오페라 가수 폴 포츠. 행운의 신이 폴 포츠를 찾아간 걸까요?

영국에서 휴대폰 판매원으로 지내던 폴 포츠는 어느 날 우연히 한 오디션 프로그램을 알게 되었어요. 외모에 자신감이 없던 폴 포츠는 동전을 던져 앞면이 나오면 오디션에 지원하고, 뒷면이 나오면 지원하지 않겠다고 생각하며 동전에 운명을 맡겼지요.

결국 오디션 프로그램에 출연하게 된 폴 포츠는 누구도 기대하지 않던 무대에서 매우 멋진 목소리로 노래를 불렀어요. 심사 위원과 관객 모두에게 감동을 준 폴 포츠는 오디션에서 최종 우승을 했고, 세계적인 스타가 되었어요.

오디션 프로그램에서 우승하여 단번에 스타가 된 것처럼 보이지만, 사실 폴 포츠는 단 한순간도 노래에서 멀어진 적이 없었어요. 학창 시절 친구들에게 따돌림을 당하던 폴 포츠는 노래를 통해 마음을 달랬거든요. 음악만이 유일한 탈출구였던 것이지요.

폴 포츠는 청소년들에게 이렇게 말했어요.

"유명해지는 것, 돈, 다른 사람의 칭찬 같은 것을 좇지 마세요. 자기가 좋아하는 것을 생각하고, 자신에게 집중해 보세요."

자기가 좋아하는 것을 찾아 집중하고, 꿈을 위해 노력한 폴 포츠에게 행운의 신이 문을 두드린 것은 당연한 결과였어요. 여러분도 행운의 신을 맞이할 준비가 되었나요? 행운의 신은 꿈을 이루기 위해 성실하게 준비하는 사람에게 똑똑 문을 두드린답니다.

폴 포츠의 아름다운 노래를
영상으로 만나 보아요.

2단계 **자세히 신문 읽기**

나는야 세상 이야기를 들으면 신이 나는 **신문 병아리 신아리**

행운의 신에게 보내는 초대장을 만들어 봐.

초대장

행운의 신을 초대합니다.
꼭 저에게 똑똑 문을 두드려 주세요.

저는 그동안 이런 노력을 해 왔어요.

행운의 신을 기다리는 _____ 올림

3단계 놀면서 생각 쓰기

아리아리 신아리랑 마음껏 상상해 보자 행운 식당 메뉴판

행운을 파는 식당이 있다면 어떤 음식을 팔까?

'행운 식당 메뉴판'이란?

내가 받고 싶은 행운을 떠올려 보고, 그 행운에 어울리는 음식 이름과 설명을 쓰는 거야.

★ 행운 식당 메뉴판 ★

만나 아이스크림
꼭 만나고 싶었던 사람을 지금 이 순간 만날 수 있게
해 주는 아이스크림 (과거나 미래의 인물도 만날 수 있음.)

4단계 **나도 신문 기자**

아리와 함께 **후루룩 신문 일기 쓰기**

우리 이제 신문 일기를 써 볼까?
'행운 식당 메뉴판'에 적은 내용을 활용해도 좋아.

제목:

월 일 요일

 **일기 쓰기를 도와주는 아리의 질문**

- 뜻하지 않은 행운이 찾아온 경험이 있어?
- 꼭 한 번쯤은 찾아왔으면 하는 행운이 있다면?
- 행운의 신을 초대하기 위해 어떤 노력을 할 수 있을까?

원숭이가 점령한 도시
태국 롭부리

ⓒ paha1205 / Shutterstock

신아리의 오늘의 단어

곤혹

: 어려운 일을 당하여 어찌할 바를 모르는 것을 뜻해요.

예) 단짝 친구가 생일 선물로 비싼 장난감을 사 달라고 해서 정말 **곤혹**스러웠어요.

    태국의 한 도시가 원숭이 때문에 **곤혹**스러워하고 있어요. 한때는 '원숭이 도시'로 세계 사람들의 관심을 받으며 인기를 끌던 태국 롭부리에 어떤 일이 일어난 걸까요?

    과거에는 거리를 자유롭게 돌아다니는 원숭이들을 보기 위해서 많은 관광객이 롭부리를 찾곤 했어요. 관광객들은 원숭이에게 자주 먹이를 주었고, 원숭이는 풍족한 먹이 덕분에 새끼를 많이 낳아 그 수가 점점 늘어났어요.

    하지만 코로나19 사태 이후 관광객이 줄어들자, 원숭이의 먹이도 부족해졌어요. 그러자 원숭이들은 점점 사나워지기 시작했어요. 상점에 침입해 먹이를 가져가거나, 심지어는 사람들을 공격하기도 했지요. 2020년에는 원숭이 수백 마리가 두 무리로 나뉘어 싸움을 벌이는 일도 있었어요.

    현재 롭부리 지역에 사는 원숭이는 1만 마리가 넘는다고 해요. 태국 정부는 원숭이의 수를 줄이기 위해 노력했지만, 피해는 계속 이어졌어요.

    마을 사람들의 불안감이 높아지자, 태국 정부는 '원숭이 퇴출 작전'에 나섰어요. 롭부리 곳곳에 우리를 설치해 원숭이를 포획하기로 한 거예요. 포획된 원숭이들은 야생 동물 구조 센터를 거쳐 원숭이 공원으로 보내질 예정이에요.

롭부리에 사는 원숭이들을 영상으로 만나 보아요.

2단계 **자세히 신문 읽기**

나는야 세상 이야기를 들으면 신이 나는 신문 병아리 신아리

원숭이를 포획할 기발한 방법이 있다면 알려 줘.

아리가 가장 좋아하는 가로세로 낱말 퍼즐

단어에 대한 설명을 읽고, 알맞은 단어를 적어 봐.

[가로 퍼즐]

① 태국 롭부리를 이 동물이 점령했어요.
  기사를 잘 읽었다면 정답을 알 수 있지요.

③ 문장 부호 중 하나예요.
  물어보는 문장의 끝에 이 문장 부호를 사용하지요.

⑤  내 이름은 무엇일까?

[세로 퍼즐]

② 이름을 나타내기 위해 사용해요.
  이름을 적은 후 가슴 쪽에 달거나 목에 걸지요.

④ 사람이 마실 수 있도록 만든 액체를 뜻해요.

⑥ 햇빛이 강한 날, 공기가 공중에서 아른아른
  움직이는 현상을 뜻해요.

········• 정답 190쪽

3단계 놀면서 생각 쓰기

 아리아리 신아리랑 마음껏 상상해 보자 **변화하는 표정 놀이**

상황에 따라 달라지는 원숭이의 표정과 말을 상상해 봐.

'변화하는 표정 놀이'란?

상황에 맞는 표정을 그려 보고, 그 표정을 지으며 어떤 말을 했을지 적어 보는 거야.

· 오래전 롭부리에 살던 원숭이

관광객들이 먹이를 많이 줘서 오늘 아침 식사도 배부르게 했어. 아, 행복해. 오늘 점심에는 관광객들이 또 어떤 음식을 줄까?

· 코로나19 사태 직후 롭부리에 살던 원숭이

· 2024년 현재, 롭부리에 사는 원숭이

4단계 **나도 신문 기자**

아리와 함께 후루룩 신문 일기 쓰기

우리 이제 신문 일기를 써 볼까?
'변화하는 표정 놀이'에 적은 내용을 활용해도 좋아.

제목:

월   일   요일

일기 쓰기를 도와주는 아리의 질문

- 기사를 읽기 전, 원숭이 사진과 기사 제목을 보고 어떤 생각이 들었어?
- 두 무리로 나뉘어 싸울 때 롭부리의 원숭이는 어떤 마음이었을까?
- 롭부리에 살고 있는 원숭이들에게 어떤 말을 하고 싶니?

1단계 신나는 신문 읽기

5주차
DAY 5. 마음 돌봄

월   일

무례한 친구를 만나면
어떻게 해야 할까요?

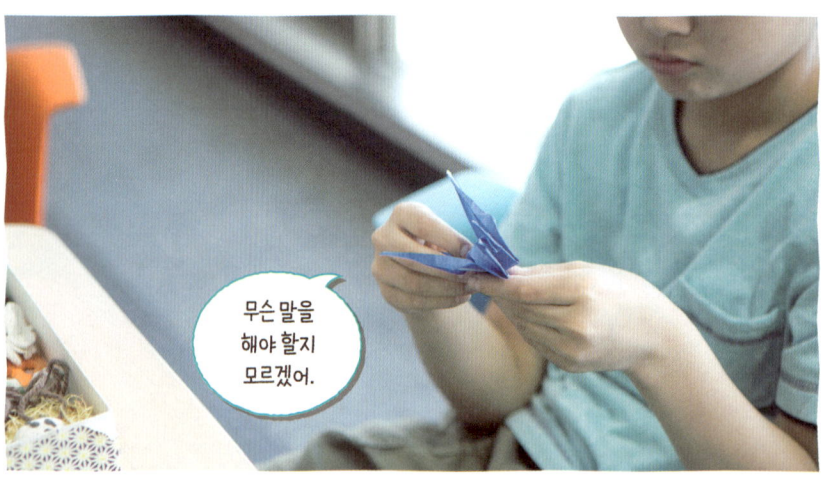

무슨 말을 해야 할지 모르겠어.

ⓒ getty images bank

신아리의 오늘의 단어

무례하다

: 말이나 태도에 예의가 없는 것을 뜻하는 말이에요.

예) 선생님께서 말씀하실 때 끼어드는 것은 **무례한** 행동이에요.

"가방!", "방귀!", "귀신!"

해진이네 반 친구들은 쉬는 시간마다 끝말잇기 놀이를 해요. 모둠 친구들과 둘러앉아 끝말잇기를 하다 보면 엉뚱한 단어도, 재미있는 단어도 나와서 함께 깔깔 웃곤 하지요.

그런데 해진이는 오늘 지후에게 들었던 말 때문에 다시는 끝말잇기를 하고 싶지 않다는 생각이 들었어요. 지후가 이렇게 말했기 때문이에요.

"아, 김해진. '희'로 시작하는 단어 빨리 말해. 너 때문에 시간 가잖아. 너 우리나라 말 몰라? 한글 공부 다시 해야 하는 거 아니야?"

안 그래도 '희'로 시작하는 단어가 생각나지 않아 고민하고 있는데, 지후가 무시하는 듯한 말을 하자 분한 마음이 밀려왔어요.

지후가 미운 마음, 단어가 생각나지 않아 조급한 마음이 뒤죽박죽되어 머리가 펑 터질 것 같았어요. 눈물이 그렁그렁 맺힌 채 지후를 노려보았지만, 무슨 말을 해야 할지 떠오르지 않았지요.

여러분, 지후처럼 **무례한** 친구를 만나면 어떻게 해야 할까요? 화나는 마음을 꾹 참으며 숨기는 것이 좋을까요? 아니에요. 친구의 눈을 바라보며 감정을 명확하게 표현해야 한답니다.

이렇게 말이에요.

"이지후, 네가 그렇게 말하니까 마음이 조급해져서 오히려 단어가 안 떠올라. 나를 무시하는 것처럼 말해서 기분도 너무 안 좋아. 나한테 사과하면 좋겠어."

네가 만약 해진이라면 어떻게 행동했을지 생각해 봐.

2단계 **자세히 신문 읽기**

나는야 세상 이야기를 들으면 신이 나는 신문 병아리 신아리

지금 너의 마음은 어때? 아리랑 마음 공부 해 보자.

분하다

: 억울한 일을 당하여 화나다.

옆에 앉은 친구가
나를 무시하는 듯한 말을 해서
너무 분해.

분한 마음이 들었던 순간을 떠올려 봐.

오빠의 거짓말에 세 번이나 속았을 때

3단계 놀면서 생각 쓰기

아리아리 신아리랑 마음 탐구 시작! 그래서 내 마음은…

원인과 결과를 생각하며 주인공의 마음을 헤아려 보자.

'그래서 내 마음은…'이란?

기사 속 주인공에게 일어난 일을 살펴보고,
그 일로 인해 어떤 마음이 생겼는지 생각해 보는 거야.

해진이에게 일어난 중요한 사건

해진이의 마음

4단계 **나도 신문 기자**

 **아리와 함께 후루룩 신문 일기 쓰기**

우리 이제 신문 일기를 써 볼까?
아리의 질문에 대한 답을 적어도 좋아.

제목:

월   일   요일

 **일기 쓰기를 도와주는 아리의 질문**

- 지후처럼 무례한 친구를 만났던 경험이 있어?
- 해진이는 왜 분한 기분을 느꼈을까?
- 만약 해진이가 지후에게 분한 감정을 잘 표현했다면, 그 이후에는 마음이 어땠을까?

145

5주차
DAY 6. 과학

월   일

신비로운 생명체 **산호의 위기**

ⓒ getty images bank

신아리의 오늘의 단어

대대적

: 일의 범위나 규모가 몹시 큰 것을 뜻하는 말이에요.

예) 우리 학교 운동회는 1학년부터 6학년까지 모든 학생이 운동장에 모여 여러 가지 경기를 하는 **대대적**인 행사예요.

아주 오래전에는 돌로 여겨졌다가 이후 식물로 생각되었지만, 결국 동물이라고 밝혀진 신비로운 생명체가 있어요. 바로 산호예요.

4억 5천만 년 전부터 수많은 바다 생물과 함께 바다를 지켜 온 산호는 매우 천천히 자란다는 특징이 있어요. 1년에 약 1cm가 자라니 100년 동안 고작 100cm가 자라는 셈이지요. 그래서 넓은 바다를 뒤덮고 있는 산호 무리에는 아득히 오래된 세월이 담겨 있답니다.

산호는 바다의 산소 탱크예요. 산호 속의 플랑크톤이 이산화 탄소를 흡수하고 산소를 내보내기 때문이에요. 그뿐만 아니라 산호는 수많은 바다 생물의 편안한 보금자리가 되어 주지요.

그런데 최근 들어 세계 바다 곳곳에서 산호가 죽어 하얗게 변하는 '백화 현상'이 일어나고 있어요. 이러한 현상이 생기는 이유는 지구 온난화로 인해 바닷물 온도가 상승했기 때문이에요.

'백화 현상'은 지난 2023년 2월부터 전 세계적으로 다시 관측되고 있어요. 1998년과 2010년, 2018년에 이어 4번째로 '백화 현상'이 나타난 것에 대해 전문가들은 강력한 경고를 했어요.

"세계적으로 바다 온도를 낮추려는 **대대적**인 노력 없이는 산호가 멸종하게 될 수도 있어요."

 지구 온난화를 막기 위해 우리는 어떤 노력을 할 수 있을까?

산호에게 백화 현상이 일어난 모습을 영상으로 확인해 보아요.

2단계 **자세히 신문 읽기**

 나는야 세상 이야기를 들으면 신이 나는 신문 병아리 신아리
즐거운 OX 퀴즈 시간! 기사를 잘 읽었다면 맞힐 수 있을 거야.

1. 산호는 동물이다.

2. 산호가 바다를 뒤덮을 수 있었던 이유는 매우 빠른 속도로 자라기 때문이다.

3. 산호가 죽어 하얗게 변하는 백화 현상은 더 이상 일어나지 않을 것이다.

········• 정답 190쪽

 아리는 하고 싶은 말이 너무 많아
산호 근처에는 누가 살고 있을까? 다양한 생물을 떠올려 보고 그림으로 표현해 봐.

새우, 문어, 불가사리, 물고기 등
다양한 바다 생물을 그려 봐.

3단계 놀면서 생각 쓰기

아리아리 신아리랑 크게 외쳐 보자 **마법사의 주문**
백화 현상을 멈출 수 있는 방법을 생각해 봐.

'마법사의 주문'이란?

어떤 문제가 있는지 적고,
그 문제를 해결할 수 있는 주문을 만들어 보는 거야.

우리 산호들이
점점 하얗게 변하며
죽어 가는 끔찍한
백화 현상을 막아 줘.

우리가 바닷속에서
계속 살 수 있게
지구 온난화야, 멈춰라!
삐리 빠삐 뾰로로 뽕!

백화 현상이
생기는 이유는

백화 현상을
멈출 수 있는
마법사의 주문 시작!

4단계 **나도 신문 기자**

 **아리와 함께 후루룩 신문 일기 쓰기**
우리 이제 신문 일기를 써 볼까?
'마법사의 주문'에 적은 내용을 활용해도 좋아.

제목:

월   일   요일

 **일기 쓰기를 도와주는 아리의 질문**

- 산호를 본 경험이 있니? 실제 산호도 좋고, 영상 속의 산호도 좋아.
- 산호에게 찾아온 위기를 해결하기 위해서 우리는 어떤 노력을 할 수 있을까?
- 기사를 읽고 새롭게 알게 된 점이나 궁금한 점이 있어?

신사임당
조선의 천재 화가

© getty images bank

신아리의 오늘의 단어

탁월하다

: 남보다 두드러지게 뛰어난 것을 뜻하는 말이에요.

예) 나는 관찰력이 탁월하다는 칭찬을 자주 들어요.

　오만 원권 지폐에 그려진 인물이 누구인지 살펴본 적 있나요? 바로 신사임당이에요.

　신사임당은 조선 시대를 대표하는 훌륭한 예술가예요. 어렸을 적부터 그림 그리는 실력과 글 짓는 실력이 탁월했지요. 신사임당이 살았던 조선 시대에는 여자아이에게 글을 가르치는 것이 매우 드물고 특별한 일이었어요. 하지만 신사임당의 아버지와 어머니는 여자도 글을 배우고 자기 생각을 표현할 줄 알아야 한다고 말씀하시며, 신사임당이 남자아이들과 똑같이 교육받도록 하였어요. 덕분에 신사임당은 뛰어난 재능을 더욱더 키워 갈 수 있었지요.

　신사임당은 주로 주변에서 볼 수 있는 풀과 벌레를 그리곤 했는데, 이러한 그림을 '초충도'라고 해요. 그림이 얼마나 훌륭했던지, 마당을 거닐던 닭이 신사임당이 그린 그림 속의 곤충을 보고 진짜 곤충으로 착각하여 부리로 콕콕 쪼았다는 일화가 있을 정도예요.

　신사임당은 훌륭한 예술가였을 뿐만 아니라 남편과 자식들에게 좋은 아내이자 엄마였어요. 조선 시대의 유명한 학자 율곡 이이의 어머니이기도 한 신사임당은 책을 읽고, 그림을 그리는 모습을 자녀들에게 직접 보여 주며 본보기가 되었지요.

　여성이 꿈을 꾸고 인정받는 것이 어려웠던 조선 시대에 신사임당은 자기 삶을 열심히 개척하여 최고의 여성 화가가 되었어요. 이를 통해 많은 사람들에게 큰 감동과 희망을 전했답니다.

조선의 천재 화가 신사임당을 영상으로 만나 보아요.

2단계 **자세히 신문 읽기**

나는야 세상 이야기를 들으면 신이 나는 신문 병아리 신아리

흐린 글자를 따라 쓰고, '벌레'를 뜻하는 '충'이 들어가 있는 말을 찾아 ○ 해 보자(2개).

'풀과 벌레 그림'을 뜻하는 **초충도**

| 충치 | 충전하다 | 충무공 이순신 |

| 충성 | 곤충 |

 '충성 충(忠)' 자와 '가득할 충(充)' 자가 숨어 있어. ······· • 정답 190쪽

아리는 궁금한 게 너무 많아

가족이나 친구를 한 명씩 떠올려 보고, 각자 무엇에 탁월한 능력이 있는지 적어 봐.

3단계 놀면서 생각 쓰기

 아리아리 신아리랑 마음껏 상상해 보자 **두근두근 당신의 머릿속**

신사임당에게는 어떤 꿈이 있었을까?

'두근두근 당신의 머릿속'이란?

기사 속 인물이 어떤 꿈을 꾸며 살았을지 상상해 봐.
꿈과 관련된 것은 무엇이든 좋으니, 인물의 머릿속을 신나게 탐험해 보는 거야.

4단계 **나도 신문 기자**

 아리와 함께 후루룩 신문 일기 쓰기

우리 이제 신문 일기를 써 볼까?
'두근두근 당신의 머릿속'에 적은 내용을 활용해도 좋아.

제목:

월   일   요일

 일기 쓰기를 도와주는 아리의 질문

- 기사를 읽기 전, 신사임당에 대해 들어 본 적 있어?
- 신사임당은 어떤 꿈을 꾸며 살았을까? 꿈을 이루기 위해 어떤 노력을 기울였을까?
- 기사를 읽은 후, 신사임당에게 궁금한 점이나 하고 싶은 말이 있니?

1단계 신나는 신문 읽기

6주차
DAY 1. 사회

월   일

노숙인이 풍기는 심한 냄새
과연 범죄일까?

ⓒ Wikimedia Commons

신아리의 오늘의 단어

과도하다

: 정도보다 지나치다는 뜻이에요.

예) 젤리 세 봉지를 혼자 다 먹는 것은 과도한 욕심이라고 생각해.

최근 들어 영국에는 길거리에서 텐트를 치고 생활하는 노숙인들이 점점 증가하고 있어요. 집이 없어 길거리에서 잠을 자고 생활하는 노숙인 중 일부는 공공시설을 파괴하거나 심한 소음을 내기도 해요.

이를 해결하기 위해 영국 정부가 새로운 법안을 추진하고 있어요. 소란을 일으키는 노숙인을 경찰이 강제로 이동시킬 수 있고, 이에 따르지 않을 경우 벌금을 부과한다는 내용이지요. 그런데 이 법안이 큰 논란이 되고 있어요. 노숙인이 일으키는 소란에 '악취'가 포함되어 있기 때문이에요.

집이 없는 노숙인들은 씻을 곳을 찾지 못해 지독한 냄새를 풍기는 경우가 많아요. 이 법안을 적용하게 되면 악취를 풍기는 노숙인은 범죄자가 되는 것이지요. '악취를 풍기는 것만으로도 범죄가 될 수 있는가.', '악취를 폭력적인 행동과 동일하게 여기고 처벌하는 것이 과연 적절한가.'라는 지적이 이어지고 있어요. 악취의 기준이 명확하지 않은 점 역시 문제가 되고 있지요.

이에 영국 정부는 노숙인을 과도하게 벌하기 위해 만든 법은 아니라고 밝히며, 오히려 노숙을 범죄로 여기는 낡은 법을 고치기 위해 노력하고 있다고 말했어요. 하지만 이 법안과 관련된 논란은 여전히 사그라들지 않고 있답니다.

영상을 통해 영국의 노숙인 처벌 법안과 관련된 논란에 대해 더 알아보아요.

2단계 **자세히 신문 읽기**

나는야 세상 이야기를 들으면 신이 나는 신문 병아리 신아리

기사에 대한 너의 생각을 말해 줘.

영국에 노숙인이 많다는 것이 놀라워. 내 머릿속에 있는 영국은 화려한 나라라서 생각도 못 했어.

소리를 지르면서 소란을 피우는 노숙인에 대한 처벌은 필요하다고 생각해.

냄새난다고 범죄자로 여기는 건 너무하다는 생각이 들어. 못 씻으니까 냄새가 날 수밖에 없잖아.

아리는 궁금한 게 너무 많아

설명을 읽고 어떤 낱말인지 맞혀 봐.

힌트!
기사에 있는 낱말이야.

ㄴㅅㅇ	ㅇㅊ	ㅇㄱ
집이 없어 길이나 공원 등지에서 잠을 자고 생활하는 사람	나쁜 냄새	이 기사의 배경이 되는 나라로, 최근 한 법안이 논란이 됨

정답 190쪽

155

3단계 놀면서 생각 쓰기

아리아리 신아리랑 꼬리에 꼬리를 무는 신문 내용 정리 시간 꼬꼬신

신문 기사에서 중요한 내용을 떠올려 봐.

'꼬꼬신'이란?

꼬리에 꼬리를 무는 신문, 꼬꼬신!
신문 기사의 내용을 차례대로 정리해 보는 거야.

영국의 길거리에
이런 사람이 많아졌어요.

붉은색 부분만 바꿔서 써 봐.
멋진 문장을 만들 수 있어.

영국 정부는
이런 법을 추진하고 있어요.

새롭게 추진하는 법은
이런 논쟁을 불러일으키고 있어요.

4단계 나도 신문 기자

아리와 함께 후루룩 신문 일기 쓰기

우리 이제 신문 일기를 써 볼까?
'꼬꼬신'에 적은 내용을 활용해도 좋아.

제목:

　　　　　　　　　　　　　월　　　일　　　요일

일기 쓰기를 도와주는 아리의 질문

이 질문에 대한 답을 연결해서 일기로 적어 보아도 좋아.

- 기사를 읽기 전, 노숙인에 대한 얘기를 들어 본 적 있니?
- 네가 만약 노숙인과 관련된 법을 만들 수 있다면, 어떤 법을 만들고 싶어?
- 기사를 읽은 후, 더 알아보고 싶은 내용이 있어?

UFO를 본 적 있나요?

© getty images bank

신아리의 오늘의 단어

미확인

: 아직 확인되지 않은 것을 뜻해요.

 밤이 되면 괴물이 나타난다는 미확인된 소문이 떠돌고 있어.

'취합'도 찾아봐야지.

　여러분은 외계인이 있다고 믿나요? 누군가는 '말도 안 돼.'라고 생각할 수도 있고, 또 다른 누군가는 '외계인을 만나면 무슨 말을 먼저 하는 게 좋을까?'라고 상상할 수도 있을 거예요.

　외계인을 향한 사람들의 관심은 아주 오래전부터 있었어요. 외계인을 주인공으로 한 영화도 다양하고, '외계인을 봤다.'라고 주장하는 사람도 많답니다.

　외계인을 봤다는 사람들은 대부분 미확인 비행 물체, 즉 UFO에 관해서 이야기해요. 무엇인지 확인할 수 없는 낯선 물체가 빠르게 하늘을 비행하는 모습을 봤다는 것이지요. 최근 들어 이런 현상에 대해 'UAP(미확인 공중 현상)'라는 공식 명칭을 사용하기 시작했답니다.

　미국 항공 우주국(NASA)에서는 우주 비행사, 행성 과학자 등으로 구성된 UAP 전담 팀을 만들어 외계인과 미확인 공중 현상을 연구하고 있어요.

　이러한 활동에도 불구하고 아직 외계인이 있다는 확실한 증거는 찾지 못했어요. 흥미롭고 설득력 있는 사례들은 있지만, 확실한 결론을 내리기에는 관련 데이터가 부족하기 때문이라고 해요.

　미국 항공 우주국(NASA)의 UAP 전담 연구 팀은 인공 지능을 이용해 각종 사례들을 분석하고, 세계 각지에서 목격된 미확인 공중 현상을 취합하고 정리하는 시스템을 마련할 계획이라고 밝혔어요.

2단계 **자세히 신문 읽기**

아리는 궁금한 게 너무 많아
UFO에 타고 있는 외계인의 모습을 상상해서 표현해 봐.

그림으로 그려도 좋고, 글로 적어도 좋아.

3단계 놀면서 생각 쓰기

 아리아리 신아리랑 두근두근 진실 게임 진실 혹은 거짓
진실 사이에 거짓 숨겨 놓기! 거짓은 무엇?

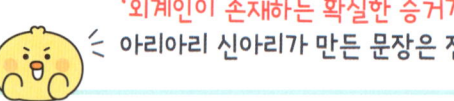

기사 내용을 참고해서 사실인 문장 3개와 거짓인 문장 1개를 만들어 봐.
그리고 가족 중 한 명에게 거짓인 문장을 찾아 보라고 하는 거야.
과연 찾을 수 있을까?

'외계인이 존재하는 확실한 증거가 발견됐어.'
아리아리 신아리가 만든 문장은 진실 혹은 거짓?

 **아리와 함께 후루룩 신문 일기 쓰기**
우리 이제 신문 일기를 써 볼까?
아리의 질문에 대한 답을 적어도 좋아.

제목:

　　　　　　　　　　　　　월　　　일　　　요일

 **일기 쓰기를 도와주는 아리의 질문**

✏ 기사를 읽기 전, UFO에 대해 들어 본 적 있니?

✏ 네가 만약 우연히 UFO를 보게 된다면, 어떻게 행동할 것 같아?

✏ 기사를 읽은 후, 더 알아보고 싶은 내용이 있어?

6주차
DAY 3. 마음 돌봄

월   일

친구를 질투하는 나, 나쁜 아이가 된 것 같아요

© getty images bank

신아리의 오늘의 단어

타인

: 다른 사람을 뜻해요.

예) **타인**의 입장에서 생각해 보는 습관을 가지면 싸울 일이 없어.

"단짝 친구가 줄넘기 대회에서 상을 받았어요. 그런데 저는 축하하는 마음보다 질투하는 마음이 더 생겨요."

건우와 승호는 둘도 없는 단짝 친구입니다. 유치원 때부터 2학년이 된 지금까지 항상 붙어 다닐 정도로 서로 좋아하는 사이였지요. 그런데 얼마 전 줄넘기 대회에서 승호만 상을 받은 이후 건우에게 자꾸 이상한 마음이 생겨났어요.

'치… 평소에는 내가 승호보다 줄넘기 훨씬 잘하는데…. 아, 그날 실수만 안 했어도 내가 상 받았을 텐데.'

건우의 이런 마음은 나쁜 것일까요?

사람은 누구나 한 번쯤은 타인과 자신을 비교해요. 비교를 통해 '난 왜 이것밖에 못할까?'라고 자신에게 실망하기도 하지만, 동시에 '조금 더 잘하고 싶어.'라는 마음을 갖기도 하지요. 그리고 이 과정에서 당연히 건우처럼 질투하는 마음이 생기기도 한답니다.

사람이라면 누구나 가질 수 있는 감정인 질투는 잘 활용하면 나를 멋지게 만드는 훌륭한 도구가 될 수 있어요. 친구와 나를 비교하면서 생긴 마음인 실망과 질투를 잘 극복하고, 조금 더 멋진 내가 되기 위해 노력하면, 여러분은 지금보다 훨씬 더 나은 사람이 되어 있을 거예요.

타인과 비교하는 마음이 생길 때마다 스스로에게 이렇게 말해 주세요.

"잘하고 싶은 마음 때문에 그런 거야. 괜찮아. 나는 매일 조금씩 더 나아질 거야."

2단계 **자세히 신문 읽기**

나는야 세상 이야기를 들으면 신이 나는 신문 병아리 신아리

지금 너의 마음은 어때? 아리랑 마음 공부 해 보자.

질투하다

: 다른 사람에게 좋은 일이 있는 것을 지나치게 부러워하고 미워하다.

나도 잘할 수 있는데, 친구만 상을 받으니 괜히 질투 나.

질투하는 마음이 들었던 순간을 떠올려 봐.

엄마가 동생만 귀여워하는 것 같을 때

3단계 놀면서 생각 쓰기

아리아리 신아리랑 마음껏 상상해 보자 마음 식당 메뉴판
마음을 파는 식당이 있다면 어떤 음식을 팔까?

'마음 식당 메뉴판'이란?
내가 갖고 싶은 마음을 상상해 보고, 그 마음에 어울리는 음식 이름과 설명을 쓰는 거야.

★ 마음 식당 메뉴판 ★

사르르 케이크
뾰족뾰족한 마음이 생기는 날, 뾰족한 마음이 사르르 사라지고 부드러운 마음이 생기게 해 주는 케이크

4단계 **나도 신문 기자**

아리와 함께 후루룩 신문 일기 쓰기

우리 이제 신문 일기를 써 볼까?
아리의 질문에 대한 답을 적어도 좋아.

제목:

월   일   요일

 일기 쓰기를 도와주는 아리의 질문

- 기사를 읽기 전, 기사 사진과 제목을 보고 어떤 생각이 들었어?
- 다른 사람과 너 자신을 비교해 본 경험이 있니?
- 마음을 얼마든지 살 수 있다면, 어떤 마음을 사고 싶어?

군대, 우리도 가나요?

ⓒ getty images bank

신아리의 오늘의 어휘

헌법 재판소

: 우리나라 최고의 법을 '헌법'이라고 불러요. 우리나라의 많은 법이 최고법인 '헌법'에 어긋나지 않는지 심판하는 곳이 헌법 재판소랍니다.

예) 청소년들이 헌법 재판소에 정부의 기후 정책이 기본권을 침해한다며 소송을 제기했어요.

우리나라를 지키고 국민을 보호하기 위해 일하는 군인에 대해 들어 본 적 있나요? 대한민국의 만 18세 이상 남성이라면 대다수가 군인으로 일하는 과정을 거친답니다. 이를 '병역의 의무'라고 하여 법으로 정해 두었어요. 여성의 경우, 원하는 사람에 한해 군인으로 일할 수 있지요.

이 법에 대해 몇몇 사람들이 '남성만 군대에 가는 것은 성차별이다.'라고 주장하며 헌법 재판소에 법을 재검토해 달라고 요청했어요. 그리고 얼마 전 헌법 재판소는 남성만 군대에 가는 것은 성차별이 아니며 헌법에 어긋나는 점도 없다고 발표했어요.

헌법 재판소는 나라를 지키기 위한 군인은 최적의 전투력을 가져야 한다고 말했어요. 일반적으로 두 성별이 가진 신체 능력이 다르고, 남성이 무기 작동이나 이동을 위한 근력 등이 우수해 전투에 더 적합하다고 했지요. 또한 다른 나라와 비교해 봐도 여성에게 병역의 의무를 부과하는 나라는 극히 일부 국가에 불과하다는 점을 설명했어요.

다만 저출생으로 인해 군대에 갈 수 있는 남성의 수가 줄어들고 있기 때문에, 장기적으로 봤을 때 여성과 남성 모두 군대에 가는 '양성 징병제' 또는 본인의 희망에 따라 군대에 가는 '모병제'를 진지하게 검토해야한다고 덧붙였어요.

우리나라를 지키고 국민을 보호하는 군인들에게 감사하는 마음을 어떻게 표현할 수 있을지 알아보아요.

2단계 자세히 신문 읽기

나는야 세상 이야기를 들으면 신이 나는 신문 병아리 신아리

기사를 읽은 후 너의 생각을 말해 줘.

지금처럼 하는 게 좋다고 생각해. 보통 남자들이 힘이 더 세니까 무거운 것도 더 잘 들 수 있잖아.

남자들만 군대에 가는 건 불공평하다고 생각해. 남자, 여자 모두 가야 공평한 것 같아.

군대 로봇을 만들면 좋겠어. 그리고 원하는 사람이 군대에 가서 로봇을 지휘하는 거지.

3단계 놀면서 생각 쓰기

아리아리 신아리랑 신나게 놀아 보자 끝없이 이어지는 버블버블 생각 주머니
기사를 읽은 후 머릿속에 떠오르는 생각은 무엇이든 좋아!

'버블버블 생각 주머니'란?

한 가지 주제에 관해 떠오르는 생각을 모두 다 적어 보는 거야.

신아리의 버블버블 생각 주머니

군대   평화가 좋아
근육   걱정스러운 마음   힘   군대는 어떨까?
로봇 군대   군복   전쟁
뉴스에서 본 군인   군인   남자와 여자   미래의 군대
고마운 마음   헌법 재판소

_____의 버블버블 생각 주머니

TIP! 버블버블 생각 주머니 적는 꿀팁! '이런 것도 적어도 되는 걸까?'라는 생각은 절대 하지 않기! 무엇이든 다 좋아! 마음껏 적어 봐.

4단계 **나도 신문 기자**

아리와 함께 후루룩 신문 일기 쓰기

우리 이제 신문 일기를 써 볼까?
'버블버블 생각 주머니'에 적은 내용을 활용해도 좋아.

제목:

월   일   요일

일기 쓰기를 도와주는 아리의 질문

- 기사를 읽기 전, 기사 제목과 사진을 봤을 때 어떤 느낌이 들었어?
- '군대'라는 단어를 들었을 때 떠오르는 생각이나 감정이 있다면 적어 봐.
- 기사를 읽은 후, 새롭게 알게 된 것이나 궁금한 점이 있니?

누가 시치미를 뗐는가?

© getty images bank

신아리의 오늘의 단어

희소하다

: 매우 드물고 적다는 뜻이에요.

예) 그 물건은 희소해서 아주 비싸지. 전 세계에 몇 개밖에 없거든.

'포식자'도 찾아봐야지.

최상위 포식자인 매를 팔에 올리고 여유로운 미소를 짓는 사람들이 있었다니, 믿어지나요?

고려 시대 귀족들의 이야기예요. 당시 매사냥은 고급 스포츠로 여겨지며, 귀족들에게 큰 인기를 끌었어요. 고려 귀족들은 새끼 매가 주인에게 익숙해지도록 길들이고, 사냥 기술을 익히게 하는 등 훈련을 시켰어요. 훈련받은 매는 꿩이나 토끼 같은 작은 짐승들을 잡아 왔지요.

사냥용 매가 비싸고, 새끼 매를 훈련시키는 과정이 쉽지 않다 보니 매사냥에 쓰이는 매는 매우 희소했어요. 귀족들은 자기 매를 잃어버리지 않도록 흰색 깃털에 이름을 적어 매에 달아 두었어요. 이 흰색 깃털을 '시치미'라고 불렀지요.

그런데 어떤 사람들은 남이 이미 훈련시켜 놓은 훌륭한 매를 갖고 싶어 했어요. 그래서 몰래 다른 사람의 매에 걸린 시치미를 떼고 모른 척하며 자기 매라고 우겼답니다.

여러분도 '시치미 떼다.'라는 말 많이 들어 봤지요? 자기가 해 놓고도 아닌 척, 모르는 척할 때 사용하는 말인 '시치미 떼다.'는 바로 여기서 유래된 말이랍니다.

신아리! 혼자 몰래 내일 신문까지 다 읽어 놓고 시치미 떼지 마!

앗! 들켰다. 어떻게 알았지?

2단계 자세히 신문 읽기

나는야 세상 이야기를 들으면 신이 나는 신문 병아리 신아리

'드물고 적다'를 뜻하는 한자 '稀少'를 따라 써 보자.

'드물다'라는 뜻을 가진 희 + '적다'라는 뜻을 가진 소 = 드물고 적음 희소

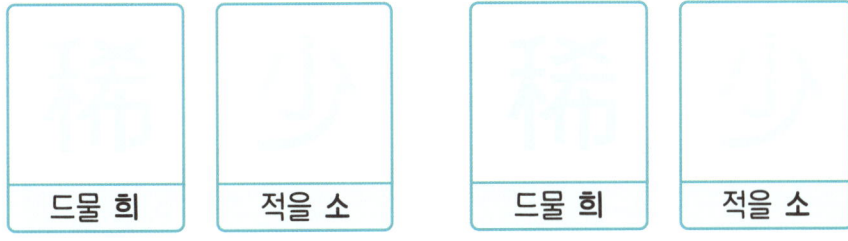

아리는 궁금한 게 너무 많아

갖고 있는 물건 중 희소한 것이 있다면 적어 봐.

어렸을 때부터 안고 자던 하나밖에 없는 내 곰 인형

3단계 놀면서 생각 쓰기

아리아리 신아리랑 새로운 문장을 만들어 보자 와르르 표현 상자

기사에 나온 문장을 뜻이 통하는 다른 문장으로 바꿔 봐.

'와르르 표현 상자'란?

정해진 문장을 여러 가지 방법으로 표현해 보는 거야.
시치미 떼는 모습을 떠올려 보고, 다양하게 표현해 봐.

- 모르는 척했다.
- "도대체 누구야?" 궁금한 척했다.
- "난 아니야." 발뺌했다.
- 오히려 화를 내며 억울하다는 표정을 지었다.
- 다른 곳으로 고개를 돌렸다.
- "응? 뭐라고?" 잘 안 들리는 척했다.

시치미 떼다

4단계 나도 신문 기자

아리와 함께 후루룩 신문 일기 쓰기

우리 이제 신문 일기를 써 볼까?
'와르르 표현 상자'에 적은 내용을 활용해도 좋아.

제목:

　　　　　　　　　　　　　　월　　　일　　　요일

일기 쓰기를 도와주는 아리의 질문

- 기사를 읽기 전, 매가 나는 사진을 봤을 때 어떤 느낌이 들었어?
- '시치미 떼다'라는 말을 들었을 때 떠오르는 생각이나 감정이 있니?
- 기사를 읽은 후, 새롭게 알게 된 것이나 궁금한 점이 있어?

1단계 신나는 신문 읽기

6주차
DAY 6. 사회

월   일

꿈을 향해 뚜벅뚜벅 걸어간
제인 구달처럼

ⓒ Wikimedia Commons   ⓒ getty images Korea

신아리의 오늘의 단어

심신

: 마음과 몸을 아울러 이르는 말이에요.

예) 엄마는 심신이 건강한 사람이 행복하게 살 수 있다고 말씀하셨어요.

　여러분이 가장 좋아하는 일은 무엇인가요? 나의 심신을 건강하게 하는 여러 가지 활동 중 내가 좋아하는 일을 떠올려 보세요. 그림 그리기, 축구하기, 노래하기, 책 읽기, 상상하기, 동물 돌보기 등등. 좋아하는 것을 꾸준히 했을 때 우리에게 어떤 일이 벌어질까요?

　세계적인 동물학자 제인 구달의 이야기를 들려줄게요. 어렸을 적부터 동물을 사랑하던 제인 구달은 닭이 알을 낳는 것을 지켜보기 위해 닭장에 숨어 한참 동안 기다리는 엉뚱한 아이였어요. 지렁이와 함께 자고 싶다며 지렁이를 침대 위로 가져오기도 했지요.

　그런 제인 구달에게는 아프리카에 살고 싶다는 꿈이 있었어요. 아프리카에서 동물들을 도우며 함께 지내고 싶었던 것이지요.

　제인 구달은 어른이 된 후에도 동물을 사랑하는 마음을 간직하며 꾸준히 동물을 관찰하고 연구했어요. 그리고 놀랍게도 제인 구달은 어린 시절의 꿈처럼 아프리카에 살면서 침팬지를 연구하게 되었답니다. 지금은 침팬지의 영원한 친구라고 불릴 만큼 대단한 연구가가 되었지요.

　여러분 역시 좋아하는 일이 있다면, 제인 구달처럼 꿈을 꾸고, 꿈을 위해 노력하는 일을 멈추지 마세요. 그러면 어느새 그 꿈을 이룬 자신의 모습을 발견하게 될 테니까요.

2단계 **자세히 신문 읽기**

나는야 세상 이야기를 들으면 신이 나는 신문 병아리 신아리

마음과 몸을 뜻하는 한자 '心身'을 따라 써 보자.

'마음'이라는 뜻을 가진 심 + '몸'이라는 뜻을 가진 신 = 마음과 몸 심신

아리는 궁금한 게 너무 많아

제인 구달에게 궁금한 점이 있다면 적어 봐.

지렁이를 정말 침대에 데려와서 함께 잤어요?
침팬지랑 대화도 할 수 있나요?

3단계 놀면서 생각 쓰기

아리아리 신아리랑 꿈을 위해 노력하는 사람에게 선물하자 위대한 상장

세계적인 동물학자 제인 구달에게 어떤 칭찬을 하고 싶어?

'위대한 상장'이란?
멋진 일을 한 인물을 칭찬하는 상장을 직접 만들어 보는 거야.

상

제인 구달

어린이 대표

4단계 **나도 신문 기자**

아리와 함께 후루룩 신문 일기 쓰기

우리 이제 신문 일기를 써 볼까?
아리의 질문에 대한 답을 적어도 좋아.

제목:

월   일   요일

일기 쓰기를 도와주는 아리의 질문

- 기사를 읽기 전, 제인 구달에 대해 알고 있었니?
- 어린 시절부터 간직해 온 꿈을 이루며 살아가는 제인 구달을 보며 어떤 생각을 했어?
- 만약 제인 구달을 만나면 하고 싶은 말이 있어?

도전? 포기? 그것이 문제로다!

3학년이 된 지수는 고민에 빠졌어요. 선생님께서 오늘 알림장에 안내해 주신 내용 때문이었지요.

> 내일 학급 회장 선거가 있습니다. 회장 선거에 출마하고 싶은 사람은 회장이 되었을 때 우리 반을 위해 어떤 일을 하고 싶은지 생각해 오세요.

"도전해 볼까? 말까? 아, 어쩌지?"

지수는 학교 회장이었던 은지 언니를 떠올렸어요. 학생 대표로 많은 아이들 앞에서 멋지게 인사를 하던 은지 언니는 늘 미소 띤 얼굴로 학교를 위해 봉사했지요. 지수는 은지 언니처럼 회장이 되어 친구들에게 모범을 보이고, 봉사하고 싶다는 꿈이 있었어요. 꿈을 이룰 기회가 왔지만, 지수가 선뜻 도전하지 못하고 망설이는 이유는 무엇일까요?

"엄마, 나 회장 선거 나갔다가 안 뽑히면 어떡하지? 그냥 나가지 말까?"

지수는 학급 회장 선거에 출마했다가 혹시라도 회장이 되지 못할까 봐 두려웠던 거예요. 지수의 엄마는 걱정이 가득한 지수에게 다정히 미소 지으며 말했어요.

"지수가 오랫동안 꿈꾼 일이잖아. 도전해 봐."

"도전했다가 안 뽑히면 너무 창피하잖아. 엄마 말대로 용감하게 도전했는데 실패할까 봐 걱정돼."

"지수야, 실패는 아무것도 하지 않는 게 실패야. 도전했다가 안 뽑힐 수도 있지만, 그건 실패가 아니라 다음 도전을 위한 소중한 경험이 되는 거지."

지수는 생각에 잠겼어요. 엄마 말씀처럼 오랫동안 꿈꿔 온 일인데 도전해 보지도 않고 포기하는 것이야말로 진짜 실패라는 생각이 들었던 거예요.

"엄마! 나 내일 회장 선거 나가야겠어. 겁쟁이처럼 아무것도 안 하는 실패는 하지 않을 거야. 김지수, 회장 선거 도저언~!"

엄마는 지수를 향해 엄지손가락을 치켜세우며 씨익 웃었어요.

사전에서 '출마'를 찾아봐.

2단계 자세히 신문 읽기

 **아리는 궁금한 게 너무 많아**
용기 내서 도전해 본 경험을 적어 봐.

난 하늘을 날고 싶어서 '훨훨 날기'에 도전해 봤어.
훨훨 나는 데는 실패했지만, 오랫동안 연습한 덕분에
아리의 날개는 아주 튼튼해졌어.

 **나는야 세상 이야기를 들으면 신이 나는 신문 병아리 신아리**
'나에게 용기를 주는 마법의 문장'을 만들어 봐.

실패는 아무것도 하지 않는 게 실패야. 지금 당장 도전하자!

3단계 놀면서 생각 쓰기

아리아리 신아리랑 마음껏 상상해 보자 변화하는 표정 놀이

상황에 따라 지수가 어떤 표정을 지었을까?

---- '변화하는 표정 놀이'란? ----

상황에 맞는 표정을 그려 보고, 그 표정을 지으며 어떤 말을 했을지 적어 보는 거야.

· 내일 학급 회장 선거가 있다는 사실을 알게 된 지수

> 내일 학급 회장 선거를 한다고?
> 너무 빨리 해서 깜짝 놀랐어.

· 학급 회장 선거 출마를 고민하는 지수

· 학급 회장 선거 출마를 결심한 지수

4단계 **나도 신문 기자**

아리와 함께 후루룩 신문 일기 쓰기

우리 이제 신문 일기를 써 볼까?
아리의 질문에 대한 답을 적어도 좋아.

제목:

월   일   요일

일기 쓰기를 도와주는 아리의 질문

- 학급 회장 선거 소식을 들은 후, 지수의 마음은 어떻게 변화했어?
- 실패를 걱정해 본 경험 또는 용기 내서 도전해 본 경험이 있니?
- 용기 내서 도전하기로 결심한 지수에게 어떤 말을 하고 싶어?

신문 일기 활동 예시

> 다른 친구들은 신문 일기를 뭐라고 썼을까?
> 아리랑 살짝 엿볼까?

대구 G초등학교 1학년 조한결

선택한 기사 : 1주 DAY 4. 정말 잘했어! 자랑스러워! 해낼 줄 알았어!

제목 : 칭찬 소나기

나도 기사 속 재원이처럼 받고 싶었던 칭찬을 받지 못해 속상했던 적이 있다.
기사에서 다른 사람의 칭찬보다 나 자신에게 해 주는 칭찬이 가장 값지다는 말을 읽고, 소나기의 많은 빗방울처럼 나를 위한 칭찬 소나기를 쓰면서 행복한 마음이 들었다. 나에게 '넌 좋은 아이야. 잘하고 있어. 힘내.'라는 칭찬을 적었다. 내가 제일 듣고 싶은 말이기 때문이다. 엄마, 아빠, 선생님, 친구들에게 이 말을 자주 듣고 싶다. 담임 선생님께서 식물도 좋은 말을 많이 들으면 잘 자라고, 나쁜 말을 많이 들으면 죽는다고 하셨던 것이 떠올랐다.
칭찬 소나기를 많이 맞으면 나에게 어떤 일이 생길까? 마음이 따뜻해지고 더 훌륭한 사람이 될 수 있을 것 같다.

세종 G유치원 7세 이준민

선택한 기사 : 1주 DAY 5. 빈대 비켜! 내 피는 절대 줄 수 없다!

제목 : 빈대로 변한 나

빈대야. 신문을 읽기 전에 나는 너를 몰랐어. 너는 모기처럼 사람의 피를 빨아 먹는다며? 너 참 나쁘다. 근데 어느 날 눈 떠 보니 내가 빈대 너로 변해 버린 거야. 그리고 사람들이 내가 똑똑하다고 X자 감옥에 가뒀지 뭐야. 그런다고 나를 이길 수 있을 거 같아? 난 너무 화가 나서 사람들을 다 물어 버렸어. 내가 문 곳은 볼록볼록 변하다가, 물린 사람들도 결국 빈대로 변했지. 근데 큰일 났어. 내가 우리 엄마도 물었나 봐. 우리 엄마도 빈대로 변했어. 기도를 해야 해.
"우리 엄마를 원래대로 돌려주세요. 우리 엄마가 빈대가 되면 안 돼요."
난 열심히 기도했어. 그랬더니 괴물이 나타나서 이렇게 말했지.
"야! 너 진짜 혼날래! 네가 다 해라! 일도 하고, 밥도 하고 네가 다 해. 그럼 엄마를 원래대로 돌려줄게."

성남 D초등학교 1학년 김주원

선택한 기사 : 1주 DAY 6. 플라코, 자유를 사랑한 수리부엉이

제목 : 플라코는 행복했을까?

신문을 통해 플라코 이야기를 읽었다. 플라코는 뉴욕 동물원에서 살던 부엉이다. 나는 플라코를 떠올리면 초록색이 떠오른다. 나뭇잎이 초록색이고 플라코가 나무 위를 날아다니는 모습이 생각나기 때문이다.
어느 날 플라코는 탈출에 성공한다. 플라코는 처음에 기뻤을 거 같다. 그런데 결국 벽에 부딪혀 죽었고, 사람들은 애도했다.
나는 플라코에게 이렇게 말해 주고 싶다.
"플라코야, 네가 죽어서 사람들이 많이 슬퍼했어. 나도 슬퍼. 그래도 네가 탈출해서 행복했을 거라고 믿어."

부산 Y초등학교 1학년 이은서

선택한 기사 : 1주 DAY 6. 플라코, 자유를 사랑한 수리부엉이

제목 : 내 친구 플라코

플라코야, 안녕? 나는 부산에 살고 있는 은서야.
플라코야, 우리가 너를 보고 싶어서 강제로 동물원에 넣어 두어서 미안해. 너의 마음은 생각도 안 하고 사람들 마음대로 널 가두어서 많이 힘들었을 것 같아. 가족도 친구도 없이 혼자서 무서웠을 텐데, 씩씩하게 쥐도 잡았잖아. 정말 훌륭해.
나도 실제로 너를 만나 보고 싶어. 하지만 만날 수 없어서 너무 슬퍼.
내 친구 플라코야, 하늘나라에서도 건강하고 잘 지내. 플라코야, 사랑해♥

서울 Y초등학교 3학년 정유재

선택한 기사 : 1주차 DAY 7. 꿩 먹고 알 먹기

제목 : 신문은 '꿩 먹고 알 먹기!'

신문은 항상 우리에게 새로운 것을 알려 준다. 게다가 무슨 내용인지 심장이 두근거리게 해서 재미있다. 신문은 운동장을 맨발로 걷는 것과 비슷하다. 연구에 따르면 맨발 걷기는 공부하기 전 머리를 풀어 준다고 했다. 신문 역시 새로운 내용을 알려 줘서 머리를 풀어 주는 기분이다.
신문을 읽으면 지식이 늘어나는 것 같다. 평소에 몰랐던 다양한 분야의 이야기를 소개해 주기 때문이다. 나는 특히 과학 분야가 재미있다. 내 꿈이 과학자이기 때문일까?
이렇듯 신문은 지식과 재미를 같이 주니 한마디로 '꿩 먹고 알 먹기!'이다.

서울 S초등학교 3학년 박라희

선택한 기사 : 1주 DAY 6. 플라코, 자유를 사랑한 수리부엉이

제목 : 플라코를 위한 삼행시

플: 플라코야.
라: 라라라라 신나게 하늘을 날던 너의 모습이 그려져.
코: 코~ 편하게 잠들어라.

나는 플라코가 동물원을 탈출해서 도시에서 살아남았다는 소식을 듣고 무척이나 기쁘고, 대단하다는 생각이 들었다. 가족도 없이 혼자서 모든 것을 한다는 것은 엄청난 일이기 때문이다. 하지만 벽에 부딪혀 추락해서 죽었다는 얘기에는 놀라고 속상했다.

왜 벽을 보지 못하고 부딪혔을까? 급하게 날다가 벽이 있는 것을 보지 못했을까? 아니면 나이가 많아서 눈이 나빠졌을까? 그것도 아니면 누군가가 쫓아와서 도망을 가다가 사고가 났나?

많은 사람들이 플라코의 죽음을 슬퍼하며 위로의 글을 남기고 있었다. 나는 플라코를 직접 보지는 못했지만, 혼자 쥐도 잡아먹고, 공원에서 휴식도 취하면서 자유롭게 살았던 플라코에게 삼행시로 애도를 표현하고 싶다.

경남 W초등학교 1학년 전시은

선택한 기사 : 1주 DAY 2. 슬릭백, 공중 부양 하는 춤이 있다고?

제목 : 도전! 슬릭백

슬릭백은 뭔가 이상하지만, 한번 해 보면 재미있을 것 같다. 나도 도전해 보고 싶다. 슬릭백을 배우고 싶다고 생각하니 문제점이 하나 있다. 너무 어렵다는 것이다.

도전하게 되면 쿠션 있는 신발을 신고 도전해 봐야겠다. 기사를 읽고 '쿠션 있는 신발을 신고 하면 좋다.'라는 것을 알게 되었기 때문이다. 나에게 응원을 해 줘야지. 파이팅!

부산 8세 김서아

선택한 기사 : 2주 DAY 2. 윤봉길 의사, 우리나라의 독립운동을 세계에 알리다

제목 : 만약 우리 역사가 달랐다면 어땠을까

만약 윤봉길 의사 같은 독립운동가 10명이 일왕 생일 축하 기념행사에 참석해 폭탄을 던졌다면 어땠을까? 일본은 우리나라의 독립에 대한 간절한 의지가 느껴져 두려웠을 것이고, 우리나라는 더 빨리 독립할 수 있었을 것 같다.

하지만 그와 반대로 우리 조상들 중 아무도 독립운동을 하지 않았다면 지금 우리는 일본 땅이 된 대한민국에서 일본인으로 살아가며 일본 이름과 일본어를 쓰고 일본 역사를 배우고 있을 것이다. 그랬다면 내가 좋아하고 존경하는 이순신 장군과 세종 대왕에 대해 평생 알지 못했겠지.

지금 대한민국 땅에서 김서아로 자유롭게 살 수 있다는 사실이 다행스럽다.

독립을 위해 애쓰신 모든 분들께 정말 정말 감사드립니다.

3학년 김동율

선택한 기사 : 2주 DAY 2. 윤봉길 의사, 우리나라의 독립운동을 세계에 알리다

제목 : 독립운동이 일어나지 않았다면?

우리 조상들이 전혀 독립운동을 안 했다면 현재 우리는 어떻게 살고 있을까? 아마도 멸망했거나 6.25 전쟁 직후의 모습 같았을 거야. 어쩌면 아직도 우리나라는 일본의 식민지일 수도 있지. 먹고살기도 힘들고, 살 집도 없었을 거야. 우리는 우리의 소중한 말과 글을 잃고 다른 나라 말인 일본어만 할 줄 알겠지. '곤니찌와', '아리가또고자이마쓰', '사요나라' 이렇게 말이야. 상상만 해도 끔찍하지 않아?

우리가 독립해서 진짜 잘 살고 있는 모습을 봐. 우리는 모두 자유가 소중하다는 걸 알잖아. 일본이 우리나라를 지배했던 시절을 겪었으니까 말이야.

독립운동이 없었다면 우리 삶은 진짜 엉망진창이겠지? 그러니까 우리는 항상 독립운동가들께 감사해야 해.

부산 S초등학교 2학년 박하준

선택한 기사 : 2주 DAY 4. 화성에서 살 사람 모두 모여라!

제목 : 쭌론 머스크

학교 도서관에서 테슬라를 만든 일론 머스크에 대한 만화책을 읽은 적이 있다. 그런데 기사를 읽고 스타십이라는 로켓도 일론 머스크가 만들었다는 사실을 알게 되었다. 스타십 발사가 성공한 것을 보고 대단하다는 생각이 들었다. 불가능해 보이는 일이지만 포기하지 않았다는 점이 특히 대단하다.
나도 놀라운 꿈에 도전해 보겠다고 생각했다. 레고로 만든 집 같은 것 말이다. 레고로 집을 만든다는 것은 불가능해 보이지만, 내 꿈은 레고 디자이너이기 때문에 일론 머스크처럼 도전해서 꼭 성공하고 싶다.

부산 G초등학교 3학년 허은우

선택한 기사 : 2주 DAY 6. 화산, 폭발하지 마!

제목 : 제주도 한라산이 다시 폭발한다면?!

화산은 너무 뜨겁고 무서울 것 같지만, 나는 조금 떨어진 곳에서 온천을 즐기고 싶다는 생각을 했다. 갑자기 제주도 한라산이 다시 폭발했을 때를 상상해 보았다.
어느 날 갑자기 '펑' 하고 폭발 소리가 나면서 한라산이 폭발할 것이다. 제주도에 경보음이 울리고, 과학 기술의 발달로 빠른 예보 덕분에 사망자는 없을 것이다. 화산 폭발이 멈춘 뒤에 우리나라 지도에서 제주도는 넓어질 것이다.
기사에 나온 활화산과 사화산에 대해서 조금 알아보니, 예전에는 휴화산도 있었다는 사실을 알았다. 하지만 휴화산은 언제든지 폭발 가능성이 있으므로 활화산으로 분류된다고 한다. 우리나라의 백두산과 한라산은 앞으로 폭발 가능성이 없는 것인지 궁금하다.

군포 Y초등학교 1학년 김건우

선택한 기사 : 2주 DAY 6. 화산, 폭발하지 마!

제목 : 안 돼~~~ 꽥!

처음 기사를 읽기 전 화산 폭발 사진을 보자마자 신문 내용이 재밌을 것 같았다. 만약 우리나라 백두산이 폭발한다면 나는 미국으로 도망가겠다. 가족을 위해 용암에 녹을 수 없는 '최강의 파워 차'를 만들어서 함께 도망가겠다.

화산 폭발이 끝나고 블루 라군이 세계 3대 온천이 된 것처럼 우리나라 백두산이 세계 3대 온천이 되어 백두산 천지로 다 함께 온천 여행을 가고 싶다.

기사를 읽고 화산이 어떻게 폭발하는지 알게 되어 신기했고 앞으로 기상청에서 나오는 내용을 잘 듣고 화산 폭발이 일어나기 전 대피해야겠다.

화성 Y유치원 7세 김민건

선택한 기사 : 2주 DAY 7. 개복치에 관한 소문, 과연 진실일까?

제목 : 내가 만약 개복치라면?

개복치는 바다에 떠다니는 비닐같이 생겼다. 기사를 읽고 개복치에 관한 소문에 대해 알게 되었는데, 거짓 소문이 있는 게 신기했다. 나는 처음 듣는 얘기라, 그런 소문이 있는지도 몰랐다.

내가 만약 개복치 치어라면 해초로 단단한 철창을 만들어서 안전하게 지냈을 것 같다. 또 죽은 척하며 지내다가 다른 물고기를 공격해서 잡아먹고 살아남을 것이다.

정답

1주차

• DAY 1 • (15쪽)
- '해'가 들어 있는 단어: 해군, 동해, 해산물
- OX 퀴즈: X, O, O

• DAY 2 • (19쪽)
- 그림: 나비, 사람 얼굴
- 선 길이: ①, ②끼리 길이가 똑같아요.

• DAY 3 • (23쪽)
- 기사 순서: ③-①-②

• DAY 6 • (35쪽)
- 플라코의 일기: 동무런 X, ① 동물원
  실쑤 X, ② 실수
  한 송이 X, ③ 한 마리

• DAY 7 • (39쪽)
- 낱말 퀴즈: 깃털, 활, 명중

2주차

• DAY 2 • (47쪽)
- OX 퀴즈: X, X, O
  * 의사 : 여기에서 '의사'는 나라와 민족을 위해 제 몸 바쳐 일하려는 의로운 사람을 말해요.

• DAY 6 • (63쪽)
- 사건 일지: 용암, 기상청

• DAY 7 • (67쪽)
- 낱말 퀴즈: 소문, 치어, 천적

3주차

• DAY 1 • (71쪽)
- 수수께끼: 멕시코, 교통사고, 그림

• DAY 6 • (91쪽)

해달	수달
바다	강이나 호수
조개 , 성게, 전복 등	물고기, 게, 개구리, 물새 등
몸에 미역(해초)을 감고 배영 자세	날쌘 자유형
귀여운 외모와 사랑스러운 행동	

• DAY 7 • (95쪽)
- OX 퀴즈: X, O, X
- 낱말 퍼즐: ① 창고 ② 고릴라
  ③ 카메라 ④ 초등학생
  ⑤ 등대   ⑥ 생쥐

4주차

• DAY 3 • (107쪽)
- 선 잇기:

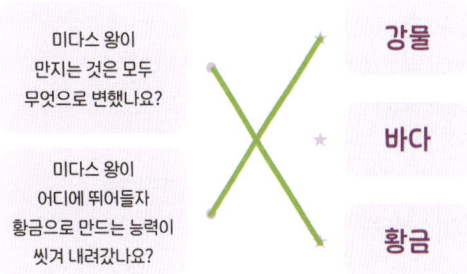

• DAY 4 • (111쪽)
- 기사 완성: 세계 신기록, 기네스북

• DAY 5 • (115쪽)
- 낱말 퀴즈: 지구, 장수, 신문

• DAY 6 • (119쪽)
- OX 퀴즈: X, O, O

5주차

· **DAY 4** · (139쪽)
- 낱말 퍼즐: ① 원숭이 ② 이름표
  ③ 물음표 ④ 음료
  ⑤ 신아리 ⑥ 아지랑이

· **DAY 6** · (147쪽)
- OX 퀴즈: O, X, X

· **DAY 7** · (151쪽)
- '벌레 충'이 들어 있는 말: 충치, 곤충
  * '충성 충'이 들어 있는 말: 충성, 충무공 이순신
  * '가득할 충'이 들어 있는 말: 충전하다

6주차

· **DAY 1** · (155쪽)
- 낱말 퀴즈: 노숙인, 악취, 영국

오호, 아주 똑똑한걸!

출처

사진 출처

14쪽 | 곰벌레 | 셔터스톡
18쪽 | 점프하는 아이 | 게티이미지코리아
22쪽 | 갇혀 있는 개 | 게티이미지코리아
26쪽 | 줄넘기하는 아이 | 셔터스톡
30쪽 | 빈대 | 게티이미지코리아
34쪽 | 뉴욕에서, 플라코 | 위키미디어 커먼즈 (David Barrett, CC BY-SA 4.0 〈https://creativecommons.org/licenses/by-sa/4.0〉, via Wikimedia Commons)
38쪽 | 꿩 | 게티이미지코리아
42쪽 | 디즈니랜드 | 게티이미지코리아
월트 디즈니 | 위키미디어 커먼즈 (not listed. New York World-Telegram and the Sun Newspaper Photograph Collection, CC0, via Wikimedia Commons)
46쪽 | 윤봉길 의사 선서 장면 | 위키미디어 커먼즈 (한인애국단 본부(안공근 집) 상하이시 황푸구 황푸난루 863에서, Public domain, via Wikimedia Commons)
윤봉길 의사 선서문과 유서 | 국립중앙박물관
50쪽 | 가족 | 게티이미지코리아
54쪽 | 발사 대기 중인 스타십 | 게티이미지코리아
58쪽 | 속상한 아이 | 게티이미지코리아
62쪽 | 아이슬란드 화산 | 위키미디어 커먼즈 (Almannavarnadeild ríkislögreglustjóra, Public domain, via Wikimedia Commons)
66쪽 | 개복치 | 게티이미지코리아
70쪽 | 프리다 칼로 | 위키미디어 커먼즈 (Guillermo Kahlo, Public domain, via Wikimedia Commons)
〈가시 목걸이를 한 자화상〉 | 게티이미지코리아
74쪽 | 17년 주기 매미 (Brood X) | 위키미디어 커먼즈 (Dan Keck from Ohio, CC0, via Wikimedia Commons)
78쪽 | 화장실 | 게티이미지코리아
82쪽 | 이번 전쟁으로 피해를 입은 팔레스타인 가자 지구 | 위키미디어 커먼즈 (Palestinian News & Information Agency (Wafa) in contract with APAimages, CC BY-SA 3.0 〈https://creativecommons.org/licenses/by-sa/3.0〉, via Wikimedia Commons)
86쪽 | 교실 | 게티이미지코리아

90쪽 | 해달 | 게티이미지코리아
98쪽 | 보물 지도 | 게티이미지코리아
102쪽 | 〈한호필적-한석봉증유여장서첩〉 | 한국민족문화대백과사전
106쪽 | 황금 | 게티이미지코리아
110쪽 | 장난감 자동차를 개조한 전기 자동차 경주 | 게티이미지코리아
118쪽 | 벌 | 게티이미지코리아
122쪽 | 달 | 게티이미지코리아
126쪽 | 블롭피시 | 셔터스톡
130쪽 | 남한산성 | 게티이미지코리아
134쪽 | 폴 포츠 | 게티이미지코리아
138쪽 | 태국 롭부리 원숭이 | 셔터스톡
142쪽 | 당황스러운 아이 | 게티이미지코리아
146쪽 | 바닷속 산호 | 게티이미지코리아
150쪽 | 5만 원권 | 게티이미지코리아
154쪽 | 노숙인 | 위키미디어 커먼스 (Levi Clancy, CC0, via Wikimedia Commons)
158쪽 | UFO | 게티이미지코리아
162쪽 | 아이의 뒷모습 | 게티이미지코리아
166쪽 | 군인 | 게티이미지코리아
170쪽 | 매 | 게티이미지코리아
174쪽 | 좌-제인 구달 | 위키미디어 커먼스 (U.S. Department of State from United States, Public domain, via Wikimedia Commons)
우-제인 구달 | 게티이미지코리아

QR 제공 영상 출처

14쪽 | 지식채널e - 물곰이 사는 법 | 자료 제공 EBS
18쪽 | MZ들이 걷는 법? '슬릭백(Slickback)' 춤 동작 | 자료 제공 MBC
22쪽 | '개 식용 금지법' 통과… 개고기 식당 "올 것이 왔다" | 자료 제공 MBC
30쪽 | "집에 빈대 나오면 이렇게 퇴치"… 효과적인 방법은? | 자료 제공 SBS
34쪽 | '자유를 사랑한 부엉이' 플라코, 잘 가 | 자료 제공 KBS
38쪽 | 속담이 야호 - 꿩 먹고 알 먹기 | 자료 제공 EBS 키즈
42쪽 | CG아닌 실사!!! 하늘을 가로지르는 스파이더맨이 등장했다 | 자료 제공 MBC
46쪽 | 의거 91주년… 던진 폭탄조차 잘못 알려진 '의사 윤봉길' | 자료 제공 SBS
50쪽 | [#공감동화] 아빠 엄마 사랑해요 | 자료 제공 한국감정연구소
54쪽 | 스페이스X 스타십 귀환 성공… 스타라이너는 '도킹' 성공 | 자료 제공 KBS
62쪽 | 화산이 폭발하는 원리는 무엇일까? | 자료 제공 EBS 컬렉션 – 사이언스
66쪽 | 지중해에서 산 채로 잡힌 길이 3m 개복치 | 자료 제공 MBC
70쪽 | [한글 쌤의 동화 책 읽어 주기] 내 이름은 프리다 칼로 | 자료 제공 신나는 동화 여행
74쪽 | 17년 간 땅속에 있었던 '기차 화통 매미'가 덮쳤다! 2004년 그것들의 새끼들이다!!! | 자료 제공 MBC
78쪽 | 똥 누러 갈 적 다르고 올 적 다르다 | 자료 제공 깨비키즈
90쪽 | [명탐정 피트 4] – 수달 대 해달 | 자료 제공 EBS 키즈
94쪽 | "동화 같은 장면"… 밤마다 창고 정리, 누가 하나 봤더니 | 자료 제공 SBS
110쪽 | 독일, 전기 보비카로 세계 신기록 달성 | 자료 제공 KBS
114쪽 | 117살 생일 맞은 세계 최고령 할머니… "내 장수 비결은" | 자료 제공 KBS
118쪽 | 미세 먼지, 멈춰! 제비를 치료해 주고 건강을 지킨 흥부 가족 | 자료 제공 환경부
122쪽 | "달에서 사람이 살 수도"… 세계 우주 강국들 '흥분' | 자료 제공 SBS
126쪽 | 가장 못생긴 동물은? (하) | 자료 제공 깨비키즈
130쪽 | 김밥 팔며 모은 전 재산 아이들을 위해 기부한 박춘자 할머니 별세 | 자료 제공 초록우산
134쪽 | Paul Potts Sing, 복면가왕 | 자료 제공 MBC
138쪽 | 한때 도시 명물이었지만… 태국, '원숭이' 집단 포획 | 자료 제공 SBS
146쪽 | 전 세계 대규모 산호 백화… 이상 고온에 바닷속 비상 | 자료 제공 SBS
150쪽 | 조선 시대를 대표하는 예술가 신사임당! | 자료 제공 KBS Kids
154쪽 | 악취 풍긴다면 노숙인 체포할 수 있다? | 자료 제공 KBS
166쪽 | 당신의 경례를 보여 주세요 (장병 사랑 캠페인 이벤트) | 자료 제공 국방부

다양한 SNS 채널에서
아울북과 을파소의 더 많은 이야기를 만나세요.

인스타그램  @owlbook21
페이스북   @owlbook21
네이버카페   owlbook21
네이버포스트 아울북 and 을파소

읽기로 시작해 쓰기로 완성하는
초등 첫 문해력 신문 ❶

1판 1쇄 발행 2024년 07월 17일
1판 10쇄 발행 2025년 10월 2일

글 이다희 **그림** 서희진
사진 getty images Korea, getty images bank, Shutterstock, Wikimedia Commons, 국립중앙박물관, 한국민족문화대백과사전
영상 EBS, KBS, MBC, SBS, 국방부, 환경부, 초록우산, 한국감정연구소, 신나는 동화 여행, 깨비키즈
펴낸이 김영곤 **펴낸곳** ㈜북이십일 아울북

기획개발 김미희 이해림 정윤경
디자인 김단아 **포스터 디자인** 박지영
영업팀 정지은 한충희 남정한 장철용 강경남 황성진 김도연 이민재
제작팀 이영민 권경민

출판등록 2000년 5월 6일 제406-2003-061호
주소 (10881) 경기도 파주시 회동길 201(문발동)
대표전화 031-955-2100 **팩스** 031-955-2177 **홈페이지** www.book21.com

© 이다희, 2024
이 책을 무단 복사·복제·전재하는 것은 저작권법에 저촉됩니다.

ISBN 979-11-7117-702-8 74700
ISBN 979-11-7117-701-1 74700 (세트)

• 책값은 뒤표지에 있습니다.
• 잘못 만들어진 책은 구입하신 서점에서 교환해 드립니다.

• 제조자명 : ㈜북이십일
• 주소 및 전화번호 : 경기도 파주시 문발동 회동길 201(문발동) / 031-955-2100
• 제조연월 : 2025.10.2.
• 제조국명 : 대한민국
• 사용연령 : 3세 이상 어린이 제품